Der Anti-Stress-Trainer für Lehrer

Stefanie Simone Klief

Der Anti-Stress-Trainer für Lehrer

Es geht uns alle an

Stefanie Simone Klief
Lektoratexten
Nümbrecht, Deutschland

ISBN 978-3-658-15954-2   ISBN 978-3-658-15955-9   (eBook)
DOI 10.1007/978-3-658-15955-9

Die Deutsche Nationalbibliothek verzeichnet diese Publikation in der Deutschen Nationalbibliografie; detaillierte bibliografische Daten sind im Internet über http://dnb.d-nb.de abrufbar.

Springer Gabler
© Springer Fachmedien Wiesbaden GmbH 2017

Illustrationen: Shutterstock

Gedruckt auf säurefreiem und chlorfrei gebleichtem Papier

Springer Gabler ist Teil von Springer Nature
Die eingetragene Gesellschaft ist Springer Fachmedien Wiesbaden GmbH
Die Anschrift der Gesellschaft ist: Abraham-Lincoln-Str. 46, 65189 Wiesbaden, Germany

Vorwort

Liebe Leserinnen und Leser,

dass Sie dieses Buch in Händen halten – ärgert mich.
Dass es gute Gründe dafür gab, es zu schreiben – ärgert
mich. Dass es Ihnen in Ihrer Situation helfen kann – wünsche ich Ihnen.

Doch möchte ich dabei nicht stehen bleiben und Stefanie Klief in ihrem Anliegen unterstützen, dass Sie in Ihrem
Beruf weiterhin Freude finden und der Politik Beine
machen.

Stress raubt Lebenskraft. Wenn eine Berufsgruppe keinen Stress haben dürfte, weil sie ihre Lebenszeit für das
Wichtigste, was wir haben, einsetzt – dann ist das Ihre.
Leider ist es genau umgekehrt und Lehrer leiden mit am
stärksten unter den Anforderungen ihres Berufsbildes, was
in den meisten Fällen dem System geschuldet ist. Einem
überkommenen System, in einer Zeit entstanden, die es

nicht mehr gibt, mit dem wir unsere Kinder absurderweise auf eine Zeit vorbereiten wollen, die uns gefühlt bereits heute täglich überholt.

Bildungspolitik ist deshalb eins meiner Kernthemen und liegt mir sehr am Herzen.

Es gibt eine Unart der Deutschen und die findet sich ganz besonders an ganz besonderen Tagen von ganz besonderen Menschen. Am Tag der Einschulung, wenn den i-Dötzchen meistens mehr als einmal der Satz entgegenschallt: Heute beginnt der Ernst deines Lebens.

Gewichtig betont und, da sich die Kinder mit praller Schultüte im Arm und glänzenden Augen, zwar an Mamas oder Papas Hand, noch etwas ängstlich umsehen, aber sich doch auf die Schule freuen, völlig deplatziert! Mag ihnen dies auch keinen bleibenden Schaden zufügen, ist er doch überflüssig und spricht Bände.

Ja, Schule ist wichtig. Schule ist sogar überlebenswichtig. Und die Zeit, die dort verbracht wird, macht immerhin in Jahren knapp ein Sechstel des Lebens aus. Unsere Schulen bilden den Grundstock für den Beruf – das steckt hinter dem Satz mit dem Ernst. Aber diese Jahre sollten so viel mehr „bilden", als Sachkompetenzen. Unser Bildungssystem sollte so viel mehr im Blick haben, als nur den Vergleich mit Europa und der Welt. Richteten wir den Fokus hingegen auf den Kern, die Schüler und Lehrer, einzeln und als Team, müssten wir diesen Vergleich gar nicht mehr scheuen. Weil dann aus diesem Samen eine Kreativität erwüchse, die ihre Wurzeln in die ganze Welt ausstreckte!

Wir brauchen eine Schule, die die Freude über den Tag der Einschulung hinaus nicht nur fördert, sondern in Begeisterung umwandelt. Grundlage dafür wäre eine Wertschätzung, die jedes Kind als Individuum sieht und nicht in ein System einbindet, ja – klemmt, sondern den Raum gibt, seine Begabungen zu entdecken und zu entfalten. Die jeden Lehrer als wertvolle Quelle dieser Anerkennung und Entwicklerfreude sähe und sie ihnen in gleichem Maße entgegenbringt. Statt Sie auszulaugen und als Prellbock für unausgereifte politische Kamikaze-Entscheidungen zu degradieren.

Dafür brauchen wir gleichzeitig die Überwindung des Bildungsföderalismus und Schulen, die ihre eigenständigen Entscheidungsbefugnisse behalten, doch darf dies nicht auf Ihrem Rücken ausgetragen werden. Lehr- und Verwaltungstätigkeiten gehören sauber getrennt und honoriert.

Wir brauchen Freiraum für Freiheit und Kreativität der Lehrer, statt starrer Lehrpläne und minutiös vorbereitete und hernach abgearbeitete Unterrichtseinheiten. Wir brauchen Lehrer als Coaches für Potenzialentfaltung – denn das ist die wichtigste Aufgabe von Bildung, weit über die reine Wissensbildung hinaus – und wir brauchen eine Politik, die den Lehrern, Ihnen, diesen Freiraum endlich ermöglicht!

100.000 Schulstunden bis zum Abitur, das ist viel Zeit um die Begeisterungsfähigkeit eines Erstklässlers zu zerstören – doch habe ich ein Bildungssystem vor Augen, das allen Beteiligten den kreativen Freiraum gewährt, der das lebenslange Lernen zu lernen ermöglicht und dies nicht für die Schule, sondern vorrangig für das Leben.

Während das Buch sich gezielt mit Ihnen und Ihrem Selbstbild beschäftigt, ist es Sache der Politik, endlich das

System als Ganzes kritisch zu hinterfragen. Ich stehe dafür ein, dies zu tun und freue mich über jegliche Unterstützung aus Ihren Reihen!

Schreiben Sie mir: Christian.Lindner@landtag.nrw.de

Düsseldorf, Deutschland   Christian Lindner MdL
im Oktober 2016   Bundesvorsitzender der FDP
                         Vorsitzender der Landtagsfraktion
                            und des Landesverbands
                                 der FDP in NRW

Inhaltsverzeichnis

Über die Autorin

Stefanie Simone Klief war nach dem Studium der Rechtswissenschaften einige Jahre mit Leib und Seele Familienfrau und engagierte sich auf breiter Ebene ehrenamtlich, unter anderem viele Jahre in leitender Elternratsfunktion.

Soweit so gut und so reichlich in der dritten Person verfasst: Sie wissen sowieso, dass ich meine Vita selbst schreibe; warum sollte ich auch ausgerechnet DAS jemand anderem überlassen? ☺

Ja, ich war sehr gern für mein Kind „zu Hause" und dabei doch immerzu unterwegs. Eine lehrreiche und ausgefüllte Phase meines Lebens. Daran schloss sich eine ziemlich riskante Unternehmensgründung an. Ein verwegener Plan, der meinen Mann und mich genauso viel Mut und Energie kostete wie einbrachte und mit vereinten Kräften auch funktionierte.

In den folgenden Jahren in der Personaldienstleistungsbranche erwirtschaftete ich mir jede Menge Lebenserfahrung – in einer „Dritten-Person-Vita" stünde: „fundierte Human Resources-Expertise", was ganz genauso stimmt. Die Mitverantwortung für über 200 Mitarbeiter schärfte meinen Blick für die realen Herausforderungen an Führungskräfte und die Anforderungen, die die Politik an den Mittelstand stellt. Strukturmanagement und Personalentwicklung sowie Marketing und Öffentlichkeitsarbeit waren schon damals meine Steckenpferde.

2009 stellte ich mein Leben auf den Kopf, hörte auf mein Herz, nahm einen beruflichen Kurswechsel vor und wurde Wissenschaftsredakteurin. Ich folgte damit meinem stärksten inneren motivationalen Treiber: dem des Schreibens. Mit Gründung der Textagentur *Lektoratexten* und der Marketingplattform *Nextoyou* entfaltete ich mich in meiner wahren Berufung. Ein Perspektivwechsel, der meine privaten und beruflichen Lebenserfahrungen bündelt:

Als **Ghostwriterin, Texterin, Autorin und Lektorin** schlage ich damit eine Brücke zwischen meinem juristischen Fachwissen, den praktischen Erfahrungen als Unternehmerin und meinen kommunikativen und redaktionellen Fähigkeiten.

Neben meinen beruflichen Kernthemen Recht, Personalwesen, Führungskompetenz und – entwicklung, Vertrieb, Recruiting, Kommunikation und Marketing, engagiere ich mich weiterhin privat gesellschaftspolitisch. Dabei ist mir das Thema Bildung ein besonderes Anliegen. Mein Traum wäre ein parteiübergreifender Bildungspakt. Pa(c)kte man es darüber tatsächlich bei den Wurzeln, es könnte in ein bis zwei Generationen ALLE anderen Themen obsolet machen: von Ökonomie über Ökologie bis zum Weltfrieden …

Das bleibt sicher eine Vision, doch ist jeder noch so kleine Baustein wichtig, der seine Relevanz ernst nimmt und voranbringt, woraus die Motivation für dieses Buch erwuchs und ganz gewiss erst den Anfang darstellt.

Näheres unter: www.lektoratexten.de und www.nextoyou. net

1

Stresskunde: Das Adrenalinzeitalter

Peter Buchenau

Das Konzept der Reihe

Möglicherweise kennen Sie bereits meinen Anti-Stress-Trainer (Buchenau 2014). Das vorliegende Kapitel greift darauf zurück, weil das Konzept der neuen Anti-Stress-Trainer-Reihe die Tipps, Herausforderungen und Ideen aus meinem Buch mit den jeweiligen Anforderungen der unterschiedlichen Berufsgruppen verbindet. Die Autoren, die jeweils aus Ihrem Jobprofil kommen, schneiden diese Inhalte dann für Sie zu. Viel Erfolg und passen Sie auf sich auf.

Leben auf der Überholspur: Sie leben unter der Diktatur des Adrenalins. Sie suchen immer den neuen Kick und das nicht nur im beruflichen Umfeld. Selbst in der Freizeit, die Ihnen eigentlich Ruhephasen vom Alltagsstress bringen sollte, kommen Sie nicht zur Ruhe. Mehr als 41 % aller Beschäftigten geben bereits heute an, sich in der Freizeit nicht mehr erholen zu können. Tendenz steigend. Wen wundert es?

© Springer Fachmedien Wiesbaden GmbH 2017
S.S. Klief, *Der Anti-Stress-Trainer für Lehrer*,
DOI 10.1007/978-3-658-15955-9_1

Anstatt sich mit Power-Napping (Kurzschlaf) oder Extrem-Coaching (Gemütlichmachen) in der Freizeit Ruhe und Entspannung zu gönnen, macht die Gesellschaft vermehrt Extremsportarten wie Fallschirmspringen, Paragliding, Extremclimbing oder Marathon zu ihren Hobbys. Jugendliche ergeben sich dem Komasaufen, der Einnahme von verschiedensten Partydrogen oder verunstalten ihr Äußeres massiv durch Tattoos und Piercing. Sie hasten nicht nur mehr und mehr atemlos durchs Tempoland Freizeit, sondern auch durch das Geschäftsleben. Ständige Erreichbarkeit heißt die Lebenslösung. Digitalisierung und mobile virtuelle Kommunikation über die halbe Weltkugel bestimmen das Leben. Wer heute seine E-Mails nicht überall online checken kann, wer heute nicht auf Facebook, Instagram & Co. agiert, ist out oder schlimmer noch, der existiert nicht.

Klar, die Anforderungen im Beruf werden immer komplexer. Die Zeit überholt uns, engt uns ein, bestimmt unseren Tagesablauf. Viel Arbeit, ein Meeting jagt das nächste, und ständig klingelt das Smartphone. Multitasking ist angesagt, und wir wollen so viele Tätigkeiten wie möglich gleichzeitig erledigen.

Schauen Sie sich doch mal in Ihren Meetings um. Wie viele Angestellte in Unternehmen beantworten in solchen Treffen gleichzeitig ihre E-Mails oder schreiben WhatsApp-Nachrichten? Kein Wunder, dass diese Mitarbeiter dann nur die Hälfte mitbekommen und Folgemeetings notwendig sind. Ebenfalls kein Wunder, dass das Leben einem davonrennt. Aber wie sagt schon ein altes chinesisches Sprichwort: „Zeit hat nur der, der sich auch Zeit nimmt." Zudem ist es unhöflich, seinem Gesprächspartner nur halb zuzuhören.

Das Gefühl, dass sich alles zum Besseren wendet, wird sich mit dieser Einstellung nicht einstellen. Im Gegenteil: Alles wird noch rasanter und flüchtiger. Müssen Sie dafür Ihre Grundbedürfnisse vergessen? Wurden Sie mit Stress oder Burnout geboren? Nein, sicherlich nicht. Warum müssen Sie sich dann den Stress antun?

Zum Glück gibt es dazu das Adrenalin. Das Superhormon, die Superdroge der High-Speed-Gesellschaft. Bei Chemikern und Biologen auch unter C9H13NO3 bekannt. Dank Adrenalin schuften Sie wie ein Hamster im Rad. Schneller und schneller und noch schneller. Sogar die Freizeit läuft nicht ohne Adrenalin. Der Stress hat in den letzten Jahren dramatisch zugenommen und somit auch die Adrenalinausschüttung in Ihrem Körper.

Schon komisch: Da produzieren Sie massenhaft Adrenalin und können dieses so schwer erarbeitete Produkt nicht verkaufen. Ja, nicht mal verschenken können Sie es. In welcher Gesellschaft leben Sie denn überhaupt, wenn Sie für ein produziertes Produkt keine Abnehmer finden?

Deshalb die Frage aus betriebswirtschaftlicher Sicht an alle Unternehmer, Führungskräfte und Selbstständigen: Warum produziert Ihr ein Produkt, das Ihr nicht am Markt verkaufen könnt? Wärt Ihr meine Angestellten, würde ich Euch wegen Unproduktivität und Fehleinschätzung des Marktes feuern.

Stress kostet Unternehmen und Privatpersonen viel Geld. Gemäß einer Studie der Europäischen

Beobachtungsstelle für berufsbedingte Risiken (mit Sitz in Bilbao) vom 04.02.2008, leidet jeder vierte EU-Bürger unter arbeitsbedingtem Stress. Im Jahre 2005 seien 22 % der europäischen Arbeitnehmer von Stress betroffen gewesen, ermittelte die Institution. Abgesehen vom menschlichen Leid bedeutet das auch, dass die wirtschaftliche Leistungsfähigkeit der Betroffenen in erheblichem Maße beeinträchtigt ist. Das kostet Unternehmen bares Geld. Schätzungen zufolge betrugen die Kosten, die der Wirtschaft in Verbindung mit arbeitsbedingtem Stress entstehen, 2002 in den damals noch 15 EU-Ländern 20 Mrd €. 2006 schätzte das betriebswirtschaftliche Institut der Fachhochschule Köln diese Zahl alleine in Deutschland auf 80 bis 100 Mrd €.

60 % der Fehltage gehen inzwischen auf Stress zurück. Stress ist mittlerweile das zweithäufigste arbeitsbedingte Gesundheitsproblem. Nicht umsonst sieht die Weltgesundheitsorganisation WHO Stress als größte Gesundheitsgefahr des 21. Jahrhunderts. Viele Verbände, wie zum Beispiel der Deutsche Managerverband, haben Stress und Burnout auch zu zentralen Themen ihrer Verbandsarbeit erklärt.

1.1 Was sind die Ursachen?

Die häufigsten Auslöser für den Stress sind der Studie zufolge unsichere Arbeitsverhältnisse, hoher Termindruck, unflexible und lange Arbeitszeiten, Mobbing und nicht zuletzt die Unvereinbarkeit von Beruf und Familie. Neue

Technologien, Materialien und Arbeitsprozesse bringen der Studie zufolge ebenfalls Risiken mit sich.

Meist Arbeitnehmer, die sich nicht angemessen wertgeschätzt fühlen und auch oft unter- beziehungsweise überfordert sind, leiden unter Dauerstress. Sie haben ein doppelt so hohes Risiko, an einem Herzinfarkt oder einer Depression zu erkranken. Anerkennung und die Perspektive, sich in einem sicheren Arbeitsverhältnis weiterentwickeln zu können, sind in diesem Umfeld viel wichtiger als nur eine angemessene Entlohnung. Diesen Wunsch vermisst man meist in öffentlichen Verwaltungen, in Behörden sowie Großkonzernen. Gewalt und Mobbing sind oft die Folge.

Gerade in Zeiten von Wirtschaftskrisen bauen Unternehmen und Verwaltungen immer mehr Personal ab. Daraus ergeben sich Hetze und Mehrarbeit aufgrund von Arbeitsverdichtung. Zieht die Wirtschaft wieder an, werden viele offene Stellen nicht mehr neu besetzt. Das Ergebnis: Viele Arbeitnehmer leisten massiv Überstunden. 59 % haben Angst um ihren Job oder ihre Position im Unternehmen, wenn sie diese Mehrarbeit nicht erbringen, so die Studie.

Weiter ist bekannt, dass Druck (also Stress) Gegendruck erzeugt. Druck und Mehrarbeit über einen langen Zeitraum führen somit zu einer Produktivitäts-Senkung. Gemäß einer Schätzung des Kölner Angstforschers Wilfried Panse, leisten Mitarbeiter schon lange vor einem Zusammenbruch 20 bis 40 % weniger als gesunde Mitarbeiter.

Wenn Vorgesetzte in diesen Zeiten zudem Ziele schwach oder ungenau formulieren und gleichzeitig Druck ausüben, erhöhen sich die stressbedingten Ausfallzeiten, die dann von den etwas stressresistenteren Mitarbeitern aufgefangen werden müssen. Eine Spirale, die sich immer tiefer in den Abgrund bewegt.

Im Gesundheitsbericht der Deutschen Angestellten Krankenkasse (DAK) steigt die Zahl der psychischen Erkrankungen massiv an und jeder zehnte Fehltag geht auf das Konto stressbedingter Krankheiten. Gemäß einer Studie des DGB bezweifeln 30 % der Beschäftigten, ihr Rentenalter im Beruf zu erreichen. Frühverrentung ist die Folge. Haben Sie sich mal gefragt, wie viel Geld Sie in Ihrem Unternehmen für durch Stress verursachte Ausfallzeiten bezahlen? Oder auf den einzelnen Menschen bezogen: Wie viel Geld zahlen Sie für Ihre Krankenversicherung und welche Gegenleistung bekommen Sie von der Krankenkasse dafür?

Vielleicht sollten die Krankenkassen verstärkt in die Vermeidung Stress verursachender Aufgaben und Tätigkeiten investieren, anstatt Milliarden unüberlegt in die Behandlung von gestressten oder bereits von Burnout betroffenen Menschen zu stecken. In meiner Managerausbildung lernte ich bereits vor 20 Jahren: „Du musst das Problem an der Wurzel anpacken." Vorbeugen ist immer noch besser als reparieren.

Beispiel: Bereits 2005 erhielt die London Underground den Unum Provident Healthy Workplaces Award (frei übersetzt: den Unternehmens-Gesundheitsschutz-Präventionspreis) der britischen Regierung. Alle 13.000 Mitarbeiter der London Underground unterzogen sich ab 2003 einem Stress-Regulierungsprogramm. Die Organisation wurde angepasst, die Vorgesetzten auf Früherkennung und

Stress reduzierende Arbeitstechniken ausgebildet, und alle Mitarbeiter über die Gefahren von Stress und Burnout aufgeklärt. Das Ergebnis war verblüffend. Die Ausgaben, bedingt durch Fehlzeiten der Arbeitnehmer, reduzierten sich um 455.000 £, was einem Return on Invest von 1:8 entspricht. Mit anderen Worten: Für jedes eingesetzte britische Pfund fließen acht Pfund wieder zurück ins Unternehmen. Eine erhöhte Produktivität des einzelnen Mitarbeiters war die Folge. Ebenso verbesserte sich die gesamte Firmenkultur. Die Mitarbeiter erlebten einen positiven Wechsel in Gesundheit und Lifestyle.

Wann hören Sie auf, Geld aus dem Fenster zu werfen? Unternehmer, Führungskräfte, Personalverantwortliche und Selbstständige müssen sich deshalb immer wieder die Frage stellen, wie Stress im Unternehmen verhindert oder gemindert werden kann, um Kosten zu sparen und um somit die Produktivität und Effektivität zu steigern. Doch anstatt in Stresspräventionstrainings zu investieren, stehen landläufig weiterhin die Verkaufs- und Kommunikationsfähigkeiten des Personals im Fokus. Dabei zahlt sich, wie diese Beispiele beweisen, Stressprävention schnell und nachhaltig aus: Michael Kastner, Leiter des Instituts für Arbeitspsychologie und Arbeitsmedizin in Herdecke, beziffert die Rentabilität: „Eine Investition von einem Euro in eine moderne Gesundheitsförderung, zahlt sich nach drei Jahren mit mindestens 1,8 Euro aus."

1.2   Überlastet oder gar schon gestresst?

Modewort Stress … Der Satz „Ich bin im Stress" ist anscheinend zum Statussymbol geworden, denn wer so viel zu tun hat, dass er gestresst ist, wird wohl eine gefragte und wichtige Persönlichkeit sein. Stars, Manager, Politiker gehen hier mit schlechtem Beispiel voran und brüsten sich in der Öffentlichkeit damit, „gestresst zu sein". Stress scheint daher beliebt zu sein und ist immer eine willkommene Ausrede.

Es gehört zum guten Ton keine Zeit zu haben, sonst könnte ja Ihr Gegenüber meinen, Sie täten nichts, seien faul, hätten wahrscheinlich keine Arbeit oder seien ein Versager. Überprüfen Sie mal bei sich selbst oder in Ihrem unmittelbaren Freundeskreis die Wortwahl: Die Mutter hat Stress mit ihrer Tochter, die Nachbarn haben Stress wegen der neuen Garage, der Vater hat Stress, weil er die Winterreifen wechseln muss, der Arbeitsweg ist stressig, weil so viel Verkehr ist, der Sohn kann nicht zum Sport, weil die Hausaufgaben ihn stressen, der neue Hund stresst, weil die Tochter, für die der Hund bestimmt war, Stress mit ihrer besten Freundin hat – und dadurch keine Zeit.

Ich bin gespannt, wie viele banale Erlebnisse Sie in Ihrer Familie und in Ihrem Freundeskreis entdecken.

Gewöhnen sich Körper und Geist an diese Bagatellen, besteht die Gefahr, dass wirkliche Stress- und Burnout-Signale nicht mehr erkannt werden. Das Risiko, in die Stressspirale zu geraten, steigt. Eine Studie des Schweizer Staatssekretariats für Wirtschaft aus dem Jahr 2000, untermauerte dies bereits damit, dass sich 82 % der Befragten gestresst fühlen, aber 70 % ihren Stress im Griff haben. Entschuldigen Sie meine provokante Aussage: Dann haben Sie keinen Stress.

Überlastung … Es gibt viele Situationen von Überlastung. In der Medizin, Technik, Psyche, Sport et cetera, hören und sehen wir jeden Tag Überlastungen. Es kann ein Boot sein, welches zu schwer beladen ist. Ebenso aber auch, dass jemand im Moment zu viel Arbeit, zu viele Aufgaben, zu viele Sorgen hat, oder dass ein System oder ein Organ zu sehr beansprucht ist und nicht mehr richtig funktioniert. Beispiel kann das Internet, das Stromnetz oder das Telefonnetz sein, aber auch der Kreislauf oder das Herz.

Die Fachliteratur drückt es als „momentan über dem Limit" oder „kurzzeitig mehr als erlaubt" aus. Wichtig ist hier das Wörtchen „momentan". Jeder von uns Menschen ist so gebaut, dass er kurzzeitig über seine Grenzen hinausgehen kann. Jeder von Ihnen kennt das Gefühl, etwas Besonders geleistet zu haben. Sie fühlen sich wohl dabei und sind meist hinterher stolz auf das Geleistete. Sehen Sie Licht am Horizont und sind Sie sich bewusst, welche Tätigkeit Sie ausführen und zudem, wie lange Sie an einer Aufgabe zu arbeiten haben, dann spricht die Stressforschung von Überlastung und nicht von Stress. Also dann, wenn der Vorgang, die Tätigkeit oder die Aufgabe für Sie absehbar und kalkulierbar ist. Dieser Vorgang ist aber von Mensch zu Mensch unterschiedlich. Zum Beispiel fühlt sich ein Marathonläufer nach 20 km überhaupt nicht überlastet, aber der übergewichtige Mensch, der Schwierigkeiten hat, zwei Stockwerke hochzusteigen, mit

Sicherheit. Für ihn ist es keine Überlastung mehr, für ihn
ist es Stress.

1.3   Alles Stress oder was?

Stress … Es gibt unzählige Definitionen von Stress und
leider ist eine Eindeutigkeit oder eine Norm bis heute
nicht gegeben. Stress ist individuell, unberechenbar,
nicht greifbar. Es gibt kein Allheilmittel dagegen, da jeder
Mensch Stress anders empfindet und somit auch die Vor-
beuge- und Behandlungsmaßnahmen unterschiedlich
sind.

Nachfolgende fünf Definitionen sind richtungsweisend:

„Stress ist ein Zustand der Alarmbereitschaft des Organismus, der sich auf eine erhöhte Leistungsbereitschaft
einstellt" (Hans Seyle 1936; ein ungarisch-kanadischer
Zoologe, gilt als der Vater der Stressforschung).

„Stress ist eine Belastung, Störung und Gefährdung des
Organismus, die bei zu hoher Intensität eine Überforderung der psychischen und/oder physischen Anpassungska-
pazität zur Folge hat" (Fredrik Fester 1976).

„Stress gibt es nur, wenn Sie ‚Ja' sagen und ‚Nein' meinen" (Reinhard Sprenger 2000).

„Stress wird verursacht, wenn du ‚hier' bist, aber ‚dort'
sein willst, wenn du in der Gegenwart bist, aber in der
Zukunft sein willst" (Eckhard Tolle 2002).

„Stress ist heute die allgemeine Bezeichnung für kör-
perliche und seelische Reaktionen auf äußere oder innere
Reize, die wir Menschen als anregend oder belastend
empfinden. Stress ist das Bestreben des Körpers, nach

einem irritierenden Reiz so schnell wie möglich wieder ins Gleichgewicht zu kommen" (Schweizer Institut für Stressforschung 2005).

Bei allen fünf Definitionen gilt es zu unterscheiden zwischen negativem Stress – ausgelöst durch im Geiste unmöglich zu lösenden Situationen – und positivem Stress, welcher in Situationen entsteht, die subjektiv als lösbar wahrgenommen werden. Sobald Sie begreifen, dass Sie selbst über das Empfinden von freudvollem Stress (Eu-Stress) und leidvollem Stress (Di-Stress) entscheiden, haben Sie Handlungsspielraum.

Bei positivem Stress wird eine schwierige Situation als positive Herausforderung gesehen, die es zu bewältigen gilt und die Sie sogar genießen können. Beim positiven Stress sind Sie hoch motiviert und konzentriert. Stress ist hier die Triebkraft zum Erfolg.

Bei negativem Stress befinden Sie sich in einer schwierigen Situation, die Sie noch mehr als völlig überfordert. Sie fühlen sich der Situation ausgeliefert, sind hilflos, und es werden keine Handlungsmöglichkeiten oder Wege aus der Situation gesehen. Langfristig macht dieser negative Stress krank und endet oft im Burnout.

1.4 Burnout – Die letzte Stressstufe

Burnout … Als letzte Stufe des Stresses tritt das sogenannte Burnout auf. Nun hilft keine Medizin und Prävention mehr; jetzt muss eine langfristige Auszeit unter professioneller Begleitung her. Ohne fremde Hilfe können Sie der Burnout-Spirale nicht entkommen. Die

Wiedereingliederung eines Burnout-Klienten zurück in die Arbeitswelt ist sehr aufwendig. Meist gelingt das erst nach einem Jahr Auszeit, oft auch gar nicht.

Nach einer Studie der Freiburger Unternehmensgruppe Saaman aus dem Jahr 2007 haben 45 % von 10.000 befragten Managern Burnout-Symptome. Die gebräuchlichste Definition von Burnout stammt von Maslach & Jackson aus dem Jahr 1986: „Burnout ist ein Syndrom der emotionalen Erschöpfung, der Depersonalisation und der reduzierten persönlichen Leistung, das bei Individuen auftreten kann, die auf irgendeine Art mit Leuten arbeiten oder von Leuten beeinflusst werden."

Burnout entsteht nicht in Tagen oder Wochen. Burnout entwickelt sich über Monate bis hin zu mehreren Jahren, stufenweise und fortlaufend mit physischen, emotionalen und mentalen Erschöpfungen. Dabei kann es immer wieder zu zwischenzeitlicher Besserung und Erholung kommen. Der fließende Übergang von der normalen Erschöpfung über den Stress zu den ersten Stadien des Burnouts wird oft nicht erkannt, sondern als „normale" Entwicklung akzeptiert. Reagiert der Betroffene in diesem Zustand nicht auf die Signale, die sein Körper ihm permanent mitteilt, und ändert der Klient seine inneren oder äußeren Einfluss- und Stressfaktoren nicht, besteht die Gefahr einer sehr ernsten Erkrankung. Diese Signale können dauerhafte Niedergeschlagenheit, Ermüdung, Lustlosigkeit, aber auch Verspannungen und Kopfschmerzen sein. Es kommt zu einer kreisförmigen, gegenseitigen Verstärkung der einzelnen Komponenten. Unterschiedliche Forschergruppen haben auf der Grundlage von Beobachtungen den Verlauf in typische Stufen unterteilt.

Wollen Sie sich das alles antun?

Leider ist Burnout in den meisten Firmen ein Tabuthema – die Dunkelziffer ist groß. Betroffene Arbeitnehmer und Führungskräfte schieben oft andere Begründungen für ihren Ausfall vor – aus Angst vor negativen Folgen, wie zum Beispiel dem Verlust des Arbeitsplatzes. Es muss ein Umdenken stattfinden!

Wen kann es treffen? Theoretisch sind alle Menschen gefährdet, die nicht auf die Signale des Körpers achten. Vorwiegend trifft es einsatzbereite und engagierte Mitarbeiter, Führungskräfte und Selbstständige. Oft werden diese auch von Vorgesetzten geschätzt, von Kollegen bewundert, vielleicht sogar beneidet. Solche Menschen sagen auch nie „nein"; deshalb wachsen die Aufgaben, und es stapeln sich die Arbeiten. Dazu kommt oft, dass sich Partner, Freunde und Kinder über zu wenig Zeit und Aufmerksamkeit beklagen.

Aus eigener Erfahrung kann ich sagen, dass der Weg zum Burnout anfänglich mit kleinsten Hinweisen gepflastert ist, kaum merkbar, unauffällig, vernachlässigbar. Es bedarf einer hohen Achtsamkeit, um diese Signale des Körpers und der realisierenden Umwelt zu erkennen. Kleinigkeiten werden vergessen und vereinbarte Termine werden immer weniger eingehalten. Hobbys und Sport werden – wie bei mir geschehen – erheblich vernachlässigt. Auch mein Körper meldete sich Ende der neunziger Jahre mit leisen Botschaften: Schweißausbrüche, Herzrhythmusstörungen, schwerfällige Atmung und unruhiger Schlaf waren die Symptome, die anfänglich nicht von mir beachtet wurden. Doch dann horchte ich auf und bemerkte, dass ich meine Karriere eher verbissen, denn beflissen sah, und bewirkte noch früh genug einen Kurswechsel.

Wie auch Sie Ihr Stressempfinden reflektieren und in andere Bahnen lenken können, dabei möchte Ihnen Stefanie Klief nun helfen. Sie nimmt Sie mit auf eine informative Reise durch die Landschaften Ihres berufsspezifischen Stresses und gibt Ihnen mit ihren Tipps ein griffiges Kompendium zur Eigenwahrnehmung an die Hand.

Viel Freude beim Lesen!

Literatur

Buchenau P (2014) Der Anti-Stress-Trainer. Springer, Wiesbaden

2

Stressmodelle

Lehrer sind unzweifelhaft der tragende Teil des deutschen
Bildungssystems und über deren Rolle wird in Deutschlands
Öffentlichkeit, vor allem seit der PISA-Studien, allerorten
diskutiert. Aus berufenem und durchaus auch unberufenem
Munde, denn alle meinen mitreden zu können. Schließlich
waren alle mal Teil des Systems. Hatten als Schüler mit Lehrern zu tun und wurden oder werden auch als Eltern wieder
mit ihnen konfrontiert. Da ist von resignierten, festgefahre-
nen und sogar faulen Lehrern die Rede, die eigentlich nur
deshalb auf den Beamtenstatus schielen, um so schnell wie
möglich in den – immer öfter vorzeitigen – Ruhestand zu
gehen. Um nur ein Beispiel für den schleichenden Imagever-
lust des Lehrerberufes zu nennen.

Ganz genau an der Stelle bemerkt man schon, wie das
komplexe Thema eines umfassenden Bildungssystems vie-
lerorts auf einen einzigen Blickwinkel reduziert wird: den

© Springer Fachmedien Wiesbaden GmbH 2017
S.S. Klief, *Der Anti-Stress-Trainer für Lehrer,*
DOI 10.1007/978-3-658-15955-9_2

auf die Lehrenden. Obwohl sie zwar gleichzeitig tragende Säule sind, aber doch nur einen Teil des sogenannten Systems ausmachen. Ja, dieses System in seinem theoretischen Konstrukt nicht einmal unmittelbar verändern können. Mittelbar beeinflussen, gewiss. Und das tagtäglich an allervorderster Stelle – ich vermeide bewusst das Wort Front – gleichwohl der Frontalunterricht ja immer noch der deutschen Norm entspricht und der Spielraum für Erneuerung deshalb empfindlich klein ist.

Doch soll es in diesem Buch nicht um Kritik an Ihrem Berufszweig oder gar an Ihnen als Lehrer gehen, sondern mir dient der Deutschen liebstes Kritikthema nach den Politikern lediglich als Einstiegsbeispiel für Ihren Stresslevel. Der nicht erst in der Klasse beginnt und dort auch ganz sicher nicht endet.

Sie als Lehrer stehen ständig im Fokus: bei Ihren Schülern, Eltern, den Vorgesetzten und der sogenannten Öffentlichkeit. In diesen Schnittstellen nicht zu verharren, sich den eigenen Enthusiasmus nicht nehmen zu lassen und jeden Tag weiterhin motiviert Ihrer Passion nachzugehen, ist – leichter gesagt als getan.

Denn sehen wir uns die Bedingungen Ihres Arbeitsplatzes, die Schulen, mal an, so geben diese ein oft wirklich schwieriges Bild ab: große Klassen und mangelnde Disziplin nicht nur verhaltensauffälliger Schüler, schon das sind bereits stresserzeugende Arbeitsbedingungen. Wenn dann auch noch der Ruf dazukommt, einem „gut bezahlten Halbtagsjob mit vielen Ferien" nachzugehen, dann mag das schon alleine in eine frühzeitige Resignation münden. Allerdings wohl nur, wenn die Berufswahlmotivation eine falsche war. Denn wollten Sie der Gesellschaft beweisen, dass Sie ein unreflektiertes fleißiges Rädchen im Getriebe sind? Oder waren es nicht ganz bestimmte Persönlichkeitsmerkmale, Erwartungen und Werthaltungen, die Sie zum Lehramtsstudium gebracht haben. Ja, es mag wie in jedem anderen Berufszweig auch unter Lehrern jene geben, die mit anderen oder gar falschen Erwartungen ihre Berufswahl getroffen haben. Doch kann diesen Betroffenen kein Anti-Stress-Trainer der Welt helfen, sondern dabei ginge es dann um die Prüfung eines kompletten Perspektivwechsels. Wenn Sie das in sich spüren, so kann ich Sie an dieser Stelle nur ermuntern dies zu tun. Denn, wer die falschen Weichen für sein Leben gestellt hat, für den ist es nie zu spät, die Richtung zu ändern! Oder sollte ich sagen, nie zu früh? Eine Antwort darauf kann dieses Buch nicht leisten und doch wird die Frage, ob die empfundene berufliche Belastung bei Lehrern hauptsächlich Resultat von Bedingungen am Arbeitsplatz ist, oder ob personale Voraussetzungen wie Motivation, Einstellungen, Persönlichkeitseigenschaften oder Selbstkonzept eine Rolle spielen, durchaus zum Tragen kommen. Nein, das Buch tragen, weil sich die Antwort wie ein roter Faden hindurchzieht: die eigenen Potenziale zur Stressbewältigung zu entdecken!

Sie erleben ihn, den Stress, die Theoretiker spezifizieren ihn: Zum Lehrerstress gibt es unterschiedliche Modelle. Nach Kyriacou und Sutcliffe (1978) ist Stress vor allem das Erleben von negativen Emotionen – wie Ärger, Unlust oder Spannung. Sie stellen das subjektive Empfinden des Lehrers stark in den Vordergrund. Dieses kann sogar mit schädlichen physiologischen und biochemischen Veränderungen einhergehen. Die entsprechenden Emotionen resultieren aus speziellen Aspekten seiner Tätigkeit und entstehen in der subjektiven Wahrnehmung, die von seiner persönlichen Konstitution oder einer Tangierung seines Selbstwertgefühls beeinflusst wird. Hinzu kommen potenzielle allgemeine Stressoren, wie der Geräuschpegel in der Klasse. Diese werden zu aktuellen und als bedrohlich wahrgenommenen Stressoren, wenn sie die Gesundheit beeinträchtigen. Ist deren Bewältigung nicht erfolgreich, entsteht Lehrerstress, der bei dauerhaften Belastungen zu chronischen psychischen oder physiologischen Symptomen führen kann.

Rudow (1995) („Rahmenmodell der Belastung und Beanspruchung im Lehrerberuf") versteht unter Stress im Lehrerberuf einen objektiv verifizierbaren Prozess, der im Tätigkeitskontext durch eine Transaktion von Person und Umwelt entsteht und infolge von wiederholten misslungenen Bewältigungsversuchen zu chronischen Stressfolgen führen kann. Das Spezielle an der Lehrertätigkeit ist, dass sie vorwiegend psychisch und zwar kognitiv und emotional belastend ist. In seinem Belastungsmodell wird der Handlungscharakter der Lehre deshalb besonders hervorgehoben. Lehrer stehen in einem steten Spannungsfeld zwischen objektiven Arbeitsanforderungen und den Handlungsvoraussetzungen als Individuum. Kommt es dabei zu einer Konfrontation, nehmen die Anforderungen bestimmter Intensität den Charakter von Belastungen an, und bleibt die Bewältigung auf Dauer ineffizient, hält die Stressreaktion an. Die Folge: chronischer Stress, der psychophysische Komponenten entfaltet.

Ich denke, dass beide Modelle den Weg aufzeigen, der zur effektivsten Stressprävention und -intervention führt, denn egal, ob ein Lehrer als Person oder in seiner

Funktion die Belastungen definiert: Wenn Sie nicht in die Politik gehen und auf Systemebene etwas für alle Lehrer verändern wollen, ist es letztlich am naheliegendsten, logischsten, für Sie nachhaltigsten und vor allem effizientesten, unmittelbar bei sich selbst nach einer Lösung zu suchen. Und das werden wir gemeinsam vorrangig in Kap. 4 tun.

Literatur

Kyriacou C, Sutcliffe J (1978) A model of teacher stress. Educational Studies 4:1–6

Rudow B (1995) Die Arbeit des Lehrers. Zur Psychologie der Lehrertätigkeit, Lehrerbelastung und Lehrergesundheit. Huber, Bern

3

Stressfaktoren

Der Mensch interagiert permanent mit seiner Umwelt. Das sich daraus ergebende Stressphänomen beschäftigt unsere Gesellschaft in den letzten Jahrzehnten ebenso intensiv, wie es zu einem der populärsten Probleme geworden ist. Meistens geht es dabei um die krankmachenden Faktoren. Das negative Bild des Stresses hat sich fest in den Köpfen der Menschen verankert und man gewinnt stellenweise den Eindruck, es breite sich epidemieartig in der westlichen Welt aus. Ein Virus namens Stress, der zur Seuche mutiert ist, obwohl ihm doch eigentlich positive Eigenschaften zugrunde liegen. Denn Stress reguliert, hilft, rettet und beflügelt mindestens in gleichem Maße, wie er krank macht und das Leben stört. Seine Sinnhaftigkeit geht jedoch weitestgehend unter in der Vehemenz der an uns gerichteten Ansprüche und unserer eigenen, auf Perfektion ausgerichteten Leistungsbeurteilung.

© Springer Fachmedien Wiesbaden GmbH 2017
S.S. Klief, *Der Anti-Stress-Trainer für Lehrer,*
DOI 10.1007/978-3-658-15955-9_3

Unser Leben ist auf einer hoch technisierten Basis zwar weniger beschwerlich geworden, aber nicht unbedingt leichter und nicht minder schneller. Die Bahnen auf denen wir es „ableben" umkreisen manchmal uns, statt dass wir sie lenken.

Menschen reagieren auf die gleichen Reize unterschiedlich. Ob eine Situation als Risiko oder Chance, als Herausforderung oder Bedrohung gesehen wird, liegt an psychologischen Merkmalen der jeweiligen Person. Diese sind vielfältig und eine Kategorisierung erforderte ein eigenes, thematisch danach ausgerichtetes, Buch.

Sicher ist, Stress entsteht durch die Konfrontation und Auseinandersetzung eines Menschen mit seiner Umwelt. Und da bildet der Umweltfaktor „Beziehung zu einem anderen Menschen" ein wichtiges Feld. In wechselseitigen Beziehungen sind Reiz und Reaktion ursächliche Faktoren für das Auftreten von Stressmerkmalen. Dabei sind die jeweiligen Beziehungsregeln und Anpassungsprozesse zwischen einem System und seiner Umwelt entweder Stress bestimmend oder wirken regulierend. Umwelteinflüsse und die persönliche Bereitschaft bzw. Fähigkeit, auf gesetzte Reize angemessen zu reagieren, definieren die Stressskala. Ein Ereignis, das die Anpassungsfähigkeit eines Menschen über dessen Gebühr tangiert, macht die Mobilisierung seiner Kraftreserven erforderlich. Wird die Bedrohung als zu stark empfunden und kann der Tank nicht nachgefüllt werden, bricht das Stressgefüge des Körpers zusammen und beugt sich den externen Einflüssen. Wer das als Scheitern empfindet – und das tun die meisten – summiert zu den äußeren negativen Konsequenzen noch die Aufgabe gewisser eigener Werte und Ziele hinzu: die Niederlage scheint perfekt.

Emotional sickert das Gefühl ein, die Situation nicht genügend durchschauen und beeinflussen zu können. Man fühlt sich ihr ausgeliefert und der Kontrollverlust führt zu Ärger und/oder sogar Angst. Konzentrationsmangel und Leistungsschwankungen als Resultat münden in anfangs vielleicht sogar gesteigerte Konfliktbereitschaft, aber wenn das nötige positive Selbstkonzept fehlt und die eigene Kompetenzerwartung dauerhaft unterschritten bleibt, nimmt sie eher ab.

How are you?

broken, sad, lonley, hurt, upset, alone,
depressed, suicidal, angry, hateful,
breaking down, screaming, dead, empty,
nothing, crying, shouting, giving up,
hiding, wearing a mask, cutting, horrible,
down, hollow, worthless, misunderstood,
incapable, inferior, vulnerable, distressed,
lost, pathetic, ashamed, bitter, forced,
uneasy, tense, dominated, pessimistic,
distrustful, tearful, crushed, offended,
aching, wronged, shaky, timid, wary,
victimised, tortured, pained, lifeless,
cold, dull, nervous, scared, suspicious,
alienated, numb, stressed, bruised

I'm fine

Sich einstellende Erschöpfungszustände können anfangs noch kompensiert werden, doch wird die Kette nicht unterbrochen, folgen Regression und Zusammenbruch. Es gilt also, die Gesamtheit der Eigenschaften des Systems wahrzunehmen und sich genau anzuschauen, um diesen negativen Folgen zu begegnen und sie bestenfalls zu verhindern. Ein Ungleichgewicht der Kräfte ist dabei immer Maßstab und Anspruch, diese ins Gleichgewicht zu bringen, gleichzeitig!

3.1   Anforderungen von innen

Ich bin kein Lehrer. Vielleicht haben Sie sich deshalb schon gefragt, was mich legitimiert über Ihren Stress zu schreiben? Nun, in erster Linie schreibe ich ja „gegen Ihren Stress". Was man leicht falsch, weil als Negierung desselben, verstehen könnte. Und ich „beichte" Ihnen auch gleich noch etwas: Ich bin tatsächlich grundsätzlich der Meinung, dass „unsere Gesellschaft" viel zu leicht, viel zu häufig und viel zu wehleidig ihren sogenannten Stress bekundet und bejammert. Es gibt wenige Berufsgruppen, für die ich Ausnahmen gelten lasse – und die der Lehrer steht bei mir ganz oben auf dieser Liste! Daher meine überbordende Motivation für dieses Buch! Der Lehrberuf ist für mich einer der anspruchsvollsten und nicht nur, aber auch deshalb, einer der anstrengendsten Tätigkeiten, die man sich nur freiwillig aussuchen kann. Ich selbst sähe mich dafür nicht geeignet und habe eine tiefe Hochachtung vor jedem einzelnen Lehrer – egal welcher Schulform und Stufe! Bei meiner Recherche für dieses Buch war ich denn auch stellenweise entsetzt, wie groß die Kluft zwischen meiner Sicht und Teilen der Gesellschaft ist. Das liegt unter anderem daran, dass viele Außenstehende als einzige Anforderung das Unterrichten sehen – was ja auch eigentlich vollkommen genügte. Doch die sich dem Lehrer darüber hinaus täglich stellenden sozialen, motivationalen und emotionalen Herausforderungen, die zudem oft widersprüchlich sind, werden dabei viel zu oft vergessen. Er ist gleichzeitig vertrauenswürdiger Ansprechpartner und Respektsperson mit Vorbildfunktion für die Schüler. Einzelne Schüler sind dabei von ihm genauso im Auge zu behalten, wie sich bildende Gruppierungen in der Klasse und die ganze Schulklasse an sich. Präsenz nicht nur im Unterricht, sondern auch in den Pausen wird allgemein erwartet. Die Vorgesetzten geben Richtlinien und Standards vor, die nicht immer mit der eigenen Motivation und Wertematrix übereinstimmen und doch – hat man sie durchweg umzusetzen und dabei auch noch gleichzeitig begeisterungs- und motivationsfähig zu bleiben. Frustration und Ärger kommen vielleicht nicht jeden Tag vor und doch sind sie Teil des Alltags. Sie zu kompensieren stellt viel höhere Anforderungen an die Leistungskraft des sogenannten Lehrkörpers, als es nach außen den Anschein hat. Da es auch Nichtlehrer unter meinen Lesern geben mag, ist es mir besonders wichtig, dies nicht als Allgemeinplätze zu skizzieren, sondern dies aus dem „Zentrum der Macht" heraus zu dokumentieren und zu belegen.

So hat die Kultusministerkonferenz mit Beschluss vom 02.10.2000 folgendermaßen festgesetzt, was sie von ihren Lehrern erwartet, was sie „zu sein haben":

Lernfachleute Schülerinnen und Schüler müssen spüren, dass ihre Lehrerinnen und Lehrer „ein Herz" für sie haben, sich für ihre individuellen Lebensbedingungen und

Lernmöglichkeiten interessieren und sie entsprechend fördern und motivieren, sie fordern, aber nicht überfordern.

Erziehungsverantwortliche Erziehung ist die bewusste und absichtsvolle Einflussnahme auf die Persönlichkeitsentwicklung junger Menschen.

Beurteiler und Berater Dafür sind hohe pädagogisch-psychologische und diagnostische Kompetenzen von Lehrkräften erforderlich sowie die motivierende Kommunikation untereinander und die hilfreiche Beratung der Schülerinnen und Schüler und ihrer Eltern.

Weiterbildungsaffin Wie in anderen Berufen auch, ist die ständige Fort- und Weiterbildung ein wesentlicher und notwendiger Bestandteil ihrer beruflichen Tätigkeit. Darüber hinaus sollen Lehrerinnen und Lehrer ständige Kontakte zur Arbeitswelt pflegen.

Schulweiterentwickler Lehrerinnen und Lehrer sind in wachsendem Maße gefordert, Schüler und Eltern zu beraten, in schulübergreifenden Gremien und Institutionen mitzuarbeiten und Aufgaben und Verantwortung bei der eigenständigen Verwaltung der Schule zu übernehmen.

In der Kultusministerkonferenz 2004 kam zu diesen klassischen Anforderungsbereichen zusätzlich das **Innovieren** hinzu. Damit werden Lehrer dazu aufgefordert, ihre eingefahrene Routine beständig zu hinterfragen und im Zweifel neue Wege zu gehen, mögliche Veränderungen aufzugreifen und Neuerungen umzusetzen. Dabei spielt es keine

Rolle, ob diese von außen vorgegeben oder nach eigenem Ermessen eingebracht werden.

Dies kann einerseits den Belastungspegel und damit die Stressgefahr erhöhen, aber andererseits auch in das Gegenteil münden, indem es dem Lehrer das Gefühl gibt, dass seine Arbeit nicht nur nützlich ist, sondern auch seine Meinung zählt.

3.2   Erwartungen von außen

Neben diesen Anforderungen, stehen die Erwartungen von außen, die von verschiedenen Personengruppen an die Lehrer herantragen werden. Die Schüler wollen/sollen lernen und erwarten dafür Hilfe und Anleitung sowie ein freundschaftliches Verhältnis. Die Eltern erwarten, dass ihr Kind etwas lernt und gezielt in seinen Fähigkeiten unterstützt und gefördert wird. Was die Erziehung angeht herrscht indes keineswegs Einigkeit. Während es für den einen Teil der Elternschaft einen wichtigen Part der Schulbildung ausmacht, verbittet sich dies ein anderer Teil geradezu, auf den später noch näher einzugehen sein wird. Die Kollegen bauen auf gegenseitige Solidarität, was Hilfe und Unterstützung beinhaltet. Die Schulleitung hat eine Erwartungshaltung an den problemlosen Ablauf des Schulalltages und der Einbringung in die Schulentwicklung. Der letzte Erwartungsträger ist die Öffentlichkeit. Deren umfassende Erwartungen muten manchmal übermenschlich an, gehen weit über die Wissensvermittlung hinaus, und machen aus dem Lehrer den Fachmann und Wissenden, den Partner und Berater, den Kollegen, Verwalter und Erzieher bis hin zum selbst Lernenden. Von keiner anderen Berufsgruppe wird so viel Heterogenität erwartet. Dabei sehen sich Lehrer zusätzlich, wie sonst keine andere Berufsgruppe, zahlreichen Vorurteilen ausgesetzt – je nachdem worauf der eigene Fokus gelegt wird. Liegt er auf der reinen Wissensvermittlung – nimmt man dem Lehrer die Einmischung in die Erziehung übel; gibt es an einer Schule oder deren Umfeld große soziale Probleme – hat er sich gefälligst individuell um jeden Schüler zu kümmern. Und dann die tatsächliche Arbeitszeit – die kann nun mal nur für jeden individuell ermittelt werden. Dies hat ihm das weitverbreitete Image einem ‚Halbtagsjob' nachzugehen eingebracht, doch müsste spätestens an diesem Punkt ganz im Gegenteil die Frage gestellt werden, wie meine Aufzählung nicht nur während eines einzigen Arbeitstages gleichzeitig geschehen, sondern auch von einer Person gleichzeitig bewältigt werden kann. Wobei die Verwaltungsaufgaben, von denen Schüler, Eltern und andere Außenstehende so gut wie nichts mitbekommen, nicht mal einbezogen sind. Diese über den Unterricht hinausgehenden Gesetze und Verordnungen, die Lehrer einerseits in der Ausübung ihrer Tätigkeit einschränken, ihnen aber andererseits kein genaues Limit setzen, wann die jeweiligen Anforderungen erfüllt sind, bilden mit das größte Problem: Es halst mehr auf, als für Klarheit zu sorgen. Dass die Arbeitszeit nicht festgelegt ist, kann deshalb eher dazu führen, dass sehr engagierte Personen viel mehr arbeiten, als sie eigentlich müssten und ihnen gut tut. Zudem haben Lehrer immer Homeoffice, was die Trennung von Beruf- und Privatleben sehr schwer machen kann. Ich spreche da aus Erfahrung!

**Für alle, die
Berufliches und
Privates nicht
trennen können:**

Be-ruf-li-ches

Pri-va-tes

3.3   Identifizierung der Belastungen

Am Weltlehrertag, der jeweils am 05.10. eines jeden Jahres ist, las ich folgenden Schriftwechsel auf Facebook zwischen zwei Lehrern:

> Ein Sek 1 Mathe Studium ist ein Witz gegenüber einem Sek 2 Studium. Und Grundschul- aber auch Sek 1-Klassenarbeiten kann man wohl kaum mit Sek 2- bzw. Abiturklausuren vergleichen. Auch die Unterrichtsvorbereitung für die Sek 2 ist wesentlich aufwendiger und zeitintensiver. Toll, wenn alle gleich verdienen, man aber ein schweres Studium und aufwendigere Vor-/Nachbereitung im Beruf leisten muss. Jedem steht es frei, Sek 2 zu studieren.

Darauf die Antwort:

> Oh Gott, ihr Gymnasiallehrer – warum müsst ihr nur immer wieder euer Klischee erfüllen? Unterricht vorbereiten? Geschenkt! Wie viele Stunden pro Woche verwendest du für Gespräche mit den Eltern, Erziehern, Jugendamt,

Nachhilfelehrern, Logopäden, Ärzten, Psychologen, Sozial-
arbeitern, Ergotherapeuten … Von den Anträgen, Berich-
ten, Gutachten etc. ganz zu schweigen. Und du willst doch
nicht etwa 2 Semester mehr mit 40 Jahren Job aufrechnen?
Komm du mal in eine Brennpunkt Grundschule oder 7.
Klasse – das überlebst du keinen Tag!

Als ich das las, dachte ich nicht nur, wie bitter, sich im
Rahmen des gleichen Berufsbildes so gegenseitig anzu-
machen, sondern vor allem: Wo kommt sie womöglich
her, diese Giftspritzerei? Beziehungsweise: Was fehlt? Was
bekommt ein Lehrer eigentlich tagtäglich zurück? Wir
wissen doch alle, wie wichtig Erfolgserlebnisse im Beruf
sind! Wo finden wir die in der Schule?

Die Wissensvermittlung läuft logischerweise asym-
metrisch ab. Der Lehrer gibt Tag für Tag viel preis, aber
bekommt im Gegenzug nichts Adäquates. Zudem ist er
gleichzeitig für den Lernerfolg seiner Schüler verantwortlich,
ohne ihn maßgeblich steuern zu können, da diese ja weit-
gehend selbst für ihr eigenes Lernen zu sorgen haben. Dies
entspricht dem originären gewählten Berufsbild, aber wenn
es auch keine Rechtfertigung für Frustration birgt, bleibt
dennoch die Frage: Wo bleibt das Erfolgserlebnis – das wir
alle so dringend benötigen – und was hat sein Ausbleiben für
Folgen? Ein Freund meines Sohnes, 23 Jahre alt und Student
der Medien- und Kommunikationswissenschaften, von dem
auch später noch die Rede sein wird, drückte es so aus und
verknüpfte es mit einer, für ihn ganz selbstverständlichen
Behauptung, die mich jedoch aufhorchen ließ:

Ein Lehrer hat Erfolgserlebnisse, wenn ein Schüler zeigt,
dass er neues abrufbares Wissen erworben hat. Diese

Erfolgserlebnisse werden automatisch mit der Person des Schülers verbunden. Das erklärt, dass gute Schüler bei Lehrern meistens beliebter sind.

Lehrer haben Lieblingsschüler?

Ja, klar! Natürlich schwebt der Gleichbehandlungsgrundsatz über dem Lehrerberuf, wie ein ungeschriebenes Gesetz und ist doch genauso unrealistisch. Machen zwei Schüler ähnliche Fehler, wird es zwar beiden angestrichen, doch in der Wahrnehmung ist es bei dem einen ein Flüchtigkeitsfehler und bei dem anderen eine Wissenslücke. Sind diese Schüler beide unaufmerksam, wird einer ständig ermahnt, der andere darf fröhlich weiterquatschen. Lehrer sind eben auch nur Menschen und entwickeln Sympathien. Finde ich auch gar nicht schlimm – nur sollten sie es sich hin und wieder auch mal bewusst machen und nicht empört von sich weisen! Denn das führt dazu, dass der eine Schüler freundlicher und zuvorkommender behandelt wird, als der andere. Das Leben ist so und die meisten Schüler tolerieren das auch, zumal es sich vielleicht an anderer Stelle wieder ausgleicht.

Es wird zu einem Problem, wenn der Lehrer sich nach einiger kurzer Zeit ein Bild von jedem Schüler macht und ab da nur noch selektiv wahrnimmt. Im Extremfall kommt es dann zu ungleicher Beurteilung gleicher Fehler. Es führt außerdem leicht dazu, dass auch ein ‚ungeliebter Schüler‘ den Lehrer nicht mag. Das werden dann gestörte Beziehungen, die sich auch auf die Noten auswirken können. Anders herum ist der Schüler, dem Sympathie entgegenschlägt, womöglich leistungsmotivierter und eher bestrebt, Erwartungen zu erfüllen. Dieser gibt dann dem Lehrer ein Erfolgserlebnis, weshalb er noch beliebter wird und so weiter …

Lehrer verknüpfen also ihre Erfolgserlebnisse mit guten Schülern und entwickeln daraus automatisch entsprechende Sympathien? Und umgekehrt – motivieren Schüler zum Lernen, wenn sich diese angenommen, ja gemocht, fühlen? Kann es wirklich so einfach sein? Denn was sich auf den ersten Blick ungerecht anhört, wäre doch letztlich der Schlüssel zu einem wunderbaren Kreislauf: gegenseitige Wertschätzung. Letztlich geht es dabei um das sehr wichtige Thema Beziehungsaufbau und damit werden wir uns in Abschn. 4.1.1 noch sehr ausführlich beschäftigen. Aber jetzt erst mal zu den einzelnen Belastungen:

3.3.1 Belastungen auf persönlicher Ebene

Geschlecht
Was die Unterschiede zwischen Lehrerinnen und Lehrern bezüglich der empfundenen Beanspruchung angeht, ist die Befundlage unklar. Wenn es ein höheres Belastungserleben bei Lehrerinnen gibt, so steht dies wohl in einem Zusammenhang mit der traditionellen Rollenverteilung und Doppelbelastung der Frauen und deren generell in jeder Berufsgruppe vorherrschenden, stärkeren Wahrnehmung und vor allem Verifizierung emotionaler Erschöpfung. Männer negieren eine Überbelastung sehr viel länger, was eben nicht gleichbedeutend damit ist, sie seien insgesamt belastbarer. 1898 haben wir doch glücklicherweise hinter uns gelassen.

Schul=Anzeiger

Preis jährlich
2 Mark Reichs-
Währung.

für

Inserate
30 Pfennig
die Petitzeile

Unterfranken und Aschaffenburg.

№ 14.   Würzburg, den 4. Oktober   1898.

Frauen im Lehrberuf?

Die Frau ist der Berufsausbildung
körperlich, geistig und nervlich nicht gewachsen

Mädchen, die mit 20 Jahren in blühender Schönheit in das Amt treten, sehen
schon nach einer Arbeit von 6-8 Jahren wie ganz verblühte alte Jungfern aus.
Im Alter von 30-35 Jahren, wenn der Jüngling im Lehrberuf erst recht zu
leben und der durch ernste Studien und Vorarbeiten erlangten Kraft sich recht
zu freuen beginnt, sind die Lehrerinnen oft bereits ganz gebrochen, nervös,
lebend, beständig kränklich und erfüllen ihre Pflichten ohne Freudigkeit unter
inneren Qualen. Mit 40 Jahren haben fast alle ohne Unterschied mit
beständigem Siechtum zu kämpfen, so daß ihr Leben von dieser Zeit an als ein
im Grunde trauriges bezeichnet werden muß.

Lebensalter und Dienstalter

Je geringer die Berufserfahrung, umso höher die Burnout-
Werte. Bei Berufsanfängern hängt das Belastungserleben
stark mit dem sogenannten „Praxisschock" zusammen. In
mittlerem Dienstalter spielt die oft vielfältige zusätzliche
Belastung in verschiedenen Lebensbereichen, wie Familie, Kinder, ehrenamtliches Engagement, eine Rolle und
in den höchsten Alters- und damit Dienstaltersstufen sind
ausgeprägtere Folgen von Stress, als das Ergebnis von langfristigen Belastungen, nachvollziehbar.

Private Situation des Lehrers
Was den Einfluss der privaten Situation auf die Berufsbelastung angeht, sind vor allem Partner- und Elternschaft von Bedeutung. Partnerschaft scheint eine protektive Wirkung bezüglich Burnout zu haben. Elternschaft kann sich negativ auswirken, vor allem bei Frauen, für die dadurch häufig(er) eine Doppelbelastung entsteht.

3.3.2 Belastungen auf der Schulebene

Schüler
Der Umgang mit Schülern stellt die Hauptbelastungsquelle dar, in Form von: Verhaltensauffälligkeiten, mangelnder Disziplin, eklatanten Unterschieden im Leistungsniveau und mangelnder Motivation bzw. Konzentrationsfähigkeit. Dabei ist der Belastungsbereich bei den Hauptschul-, Realschul- und Gesamtschullehrern höher als bei Gymnasial-, Grundschul- und Sonderschullehrern. Hierzu eine „pure" Erfahrung aus einer Referendarzeit:

Ich war damals gerade 21 Jahre jung und im ersten Semester. Nach diesem Semester muss man ein Praktikum machen. Leider wurde ich auch derart vorgestellt und die Schüler glaubten, der Praktikantin könnten sie auf der Nase herumtanzen, denn die Klasse schrieb gerade ihre Bewerbungen für ihr Schülerpraktikum. Man ließ mich eine Vertretungsstunde alleine halten (was eigentlich nicht der Sinn eines Orientierungspraktikums ist), weil viele Kollegen krank waren und der Unterricht nicht nach der dritten Stunde enden durfte, wegen der Busse. Also stand ich vor einer neunten Klasse und sollte Mathe unterrichten. Soweit ja kein Problem, nur der Klassenclown hatte natürlich direkt was zu meckern: „braucht eh kein Mensch" oder „bei Ihnen muss ich eh nicht aufpassen, also kann ich auch schlafen." Er faltete Flieger, quatschte pausenlos und zog so auch die Aufmerksamkeit der anderen auf sich – spulte das volle Programm ab.

Mir war das zu blöd, ich wusste, dass die Klasse nur noch zwei Fachstunden bis zur nächsten Arbeit hatte, die lag im Lehrerzimmer und würde auf jeden Fall geschrieben. Falls die Lehrerin nicht rechtzeitig wieder gesund würde, hätte die Schulleitung die Arbeit beaufsichtigt. Also ließ ich die Klasse Aufgaben aus dem Buch rechnen und beachtete ihn nicht weiter. Hinzu kam, dass das Thema die Schüler ziemlich provokant berührte: Potenzen und Wurzeln. In dem Alter entsprach das einer quasi Blankoaufforderung, dumme Witzchen zu reißen.

Als wir die Aufgaben besprachen, hatte besagter Klassenclown nichts im Heft stehen. Also sollte er sie vorrechnen, da er sich ja sicher war, dass er das alles bereits könne … Ich stand an der Tafel, bat ihn zu mir nach vorne, und als er vor mir stand, war er mindestens einen Kopf größer als ich, knapp 2 m groß. Einschüchternd wirkte das auf mich allerdings nicht, denn mein halber Freundeskreis war so groß wie er. Die Aufgabe, die er rechnete, war falsch und er hatte so hoch geschrieben, dass ich nicht daran kam, weil er die Tafel festhielt.

Ich überlegte kurz, ob ich mich nun recken oder ihn zur Ordnung rufen sollte, was beides vermutlich zu erneuten Witzeleien angeregt hätte. Also stellte ich mich kurzerhand auf den Lehrerstuhl. Nun war ich größer als er, wischte das Geschriebene weg, und schrieb die Aufgabe neu an die Tafel. Dann erklärte ich in Ruhe den Lösungsweg, stieg wieder vom Stuhl und er – bekam den Mund nicht zu und setzte sich. Der Unterricht am nächsten Tag lief wesentlich entspannter ab und mein „großer Junge" hielt sich extrem zurück. Außerdem schrieb er in der nächsten Arbeit statt der üblichen 5 die Note 4. Bei meinem Seminarleiter war ich von da an allerdings unten durch. Er meinte, ich hätte das anders lösen müssen. Pädagogischer und nicht „so überheblich". Mit den üblichen Verdächtigen: ihn auf seinen Platz schicken etc. In dem Moment wusste ich aber definitiv, dass er nicht gehen und ich mich dadurch nur noch kleiner machen würde – nicht körperlich, sondern innerlich. Ich wusste, ich durfte mich nicht „ducken", hatte aber auch noch nicht die natürliche Autorität eines Lehrers mit viel Erfahrung. Dies war ein wichtiger Moment, der die Weichen stellte zwischen der Aufmerksamkeit der Klasse und deren Entscheid, mich „fertig zu machen". Und ich nutzte diesen Moment nicht unüberlegt emotional, aber doch aus meinem Bauch heraus und löste ihn so übergreifend. Ich würde es trotz der damaligen Kritik an mich auch jederzeit wieder so machen.

Klassengröße

Es gibt einen linearen Zusammenhang zwischen Stresswerten und der Klassengröße. Im Schnitt nehmen Lehrer eine Klasse als zu groß wahr, wenn sie 27 und mehr Schüler hat, am wohlsten fühlen sie sich in einer mittelgroßen Klasse mit 21–25 Schülern. In einer großen Klasse fehlt die Zeit für die intensivere Arbeit mit einzelnen Schülern, die räumliche Dichte und der Lärmpegel steigen.

Team

Mangelnde Integration, Kooperation und soziale Unterstützung oder gar Rivalität im Kollegium, korreliert mit emotionaler Erschöpfung, Depersonalisierung und Arbeitsunzufriedenheit. Grund dafür können unterschiedliche pädagogische Vorstellungen und Erziehungsstandards sein, aber natürlich, wie in anderen Teams auch, genauso persönliche Differenzen. Bei höherer sozialer

Unterstützung sinkt das Ausmaß von Belastungen und Stress. Referendare, die noch viel soziale Unterstützung erfahren, haben auch ein besseres psychisches Wohlbefinden.

Schulleitung

Ein partizipativer, unterstützender Führungsstil der Schulleitung geht mit Arbeitszufriedenheit und einer niedrigeren Ausprägung von subjektiver Belastung der Mitarbeiter einher – und umgekehrt. Das gilt natürlich auch für Pädagogen, ist aber ein sehr individuelles Feld und hat auch mit persönlichen Sympathien bzw. Antipathien zu tun.

3.3.3 Belastungen auf der Systemebene

Schulbehörde

Für die meisten Lehrer ist der Lehrerberuf ein „Sackgassenberuf", da er keine Aufstiegsmöglichkeiten bietet. Von Entscheidungen der Schulbehörden bezüglich Schulwechsel oder Beförderung ausgeliefert zu sein, kann je nach Typ befreiend empfunden werden, da keine eigenen Entscheidungen zu treffen sind, oder belastend.

Verschiedene bürokratische Verwaltungsaufgaben und administrative Arbeit gehören allerdings schlichtweg zu dem, was irgendwann überbelastet und das Fass mit dem berühmten Tropfen zum Überlaufen bringt. Selbst wenn der reale Zeitaufwand dafür relativ zu den Kernaufgaben ist, muss er überwiegend in der „unterrichtsfreien" Zeit aufgebracht werden, was die verfügbare Zeit für Unterrichtsvorbereitung oder Korrekturen entsprechend verringert. Disziplinarmaßnahmen, Teilkonferenzen, Noten und

Zeugnisse gehören mittlerweile „rechtssicher" begründet
und verfasst, und Unterrichtsmethoden teils akribisch
dokumentiert. Für Qualitätsanalysen braucht es die Erstel-
lung von Konzepten, Lernstandserhebungen müssen sta-
tistisch ausgewertet werden und der Ganztagsunterricht
mit einer Infrastruktur, die überall unzureichend ist, wirft
täglich neue Probleme auf. Auch das G8, das Turbo-Abi-
tur, und die generellen dauernden Änderungen des Schul-
gesetzes, führen zu einer Verdichtung von Konferenzen
und Dienstbesprechungen. Jede neue Regierung will sich
bildungspolitisch profilieren, so hat es den Anschein.
Was ja grundsätzlich völlig in Ordnung wäre – niemand
behauptet, unser Bildungssystem könne nicht Erneuerung
gebrauchen – aber doch nicht indem neue Schulformen
mit neuen Organisationsformen und neuen Sichtweisen
das Rad täglich neu erfinden wollen. Das ist inkonsequent
und in seiner mangelhaften Stringenz wenig effizient!
Und so bleibt es immer nur bei halbgaren Ansätzen, die
dann auch noch nach unten hin weiterer Konkretisierun-
gen bedürfen. Auf wessen Rücken das ausgetragen wird
ist klar: Die Lehrerschaft ist ja am nächsten dran – und
so erscheint es logisch, dass die Basis sich selbst organisiert
und diszipliniert. So tönt es von den Bezirksregierungen –
als täte man damit noch etwas Gutes. Was es ja auch sein
könnte, allerdings nur mit entsprechender zusätzlicher
zeitlicher wie kollegialer Ressourcenverteilung und -aufsto-
ckung!

Diese Aussagen bilden den Grundtenor aller Lehrer, mit
denen ich sprach: Alle haben dies am stärksten bemängelt
und sehen darin den massivsten Stressfaktor, weshalb ich
auch auf die Idee kam, einen Politiker für das Vorwort mit

ins Boot zu holen, von dem ich nicht nur beherzten Einsatz und Engagement erwarte, sondern auch persönlich darum weiß! Sehen Sie ihm ruhig auf die Finger und erinnern Sie ihn an seine im Vorwort gemachten Versprechungen! Ich werde es ganz gewiss auch tun!

Einer meiner Gesprächspartner bringt es nachfolgend auf den Punkt: Ein Lehrer, der mich in meiner eigenen Schullaufbahn sehr geprägt hat. Er war in der Mittel- und Oberstufe mein Mathelehrer. Und die Mathematik – wie soll ich es sagen – nun, Mathematik war nicht unbedingt mein Lieblingsfach. Ich will es mal so beschreiben: Als ich in der Einführungsveranstaltung der juristischen Fakultät saß und der Professor davon sprach, für das Studium der Rechtswissenschaften sei ein gutes mathematisches Verständnis wichtig – nicht nur von Vorteil, nein, er sagte tatsächlich wichtig – da war ich kurz davor, mich postwendend wieder zu exmatrikulieren und doch ein Volontariat bei einer Zeitung zu machen. Nun ja, es hätte mir die unwesentliche Ausbildungsschleife bis zum Staatsexamen erspart, aber – ich schaffte das Studium dann doch, denn ich konnte durchaus in Kausalzusammenhängen denken, nur eben keine immensen mathematischen Transferleistungen erbringen.

Nun wissen Sie, weshalb ich Probleme mit diesem ominösen Fach hatte und können sich vielleicht vorstellen, warum mir mein Mathelehrer noch in so gutem Gedächtnis ist? Aber – ich hatte insgesamt fünf auf dem Gymnasium, warum habe ich ausgerechnet IHN gebeten, mir für dieses Buch ein Interview zu geben? Weil er in meinem Gedächtnis für den personifizierten Fels in der Brandung steht. Für die Souveränität in Person und in seinem Anspruch an die Schüler immens, aber: immer um Gerechtigkeit bestrebt. Mein Sohn, der das gleiche Gymnasium besuchte wie ich, und ihn schicksalsträchtig natürlich auch bekam, bestätigte mir dies viele Jahre später. Er beschrieb ihn als Respektsperson, in dessen Unterricht man immer wusste woran man war. Ein fundamentaler und doch offenbar so schwer umzusetzender Anspruch:

Verlässlichkeit. Dies gepaart mit Strenge und Disziplin, machte seinen Unterricht so ruhig wie effizient.

Das alles ist nun bei mir über 30 und bei meinem Kind etwa zehn Jahre her. Und als ich ihn um ein Gespräch zum Thema des Buches bat, da ich ihn als prädestiniert dafür erachtete, mir die „andere Seite" zu schildern, die des ungestressten Lehrers, der in seinem Beruf immer aufging, ohne von ihm verheizt zu werden, kam Erstaunliches zum Vorschein. Die große Belastung „drumherum" hat ihn zu einem schwer herzkranken Mann gemacht und die Frühverrentung war seine einzige Chance. Auch das ein authentisches Statement, für das ich ihm herzlich danke und wonach sich alles weitere Theoretisieren erübrigt:

Ich wurde und war wirklich sehr gerne Lehrer. Aber die Arbeitsbelastung hat kontinuierlich zugenommen. Und damit meine ich nicht, die Arbeit für die Kinder, sondern alles andere. Ja, die pädagogischen Ansprüche und Belastungen sind auch gewachsen, wären aber für mich zu bewältigen gewesen, wenn ich nicht das Gefühl gehabt hätte, noch einen zweiten Job zu haben. Die Bürokratie lastet dem Lehrkörper immer mehr zusätzliche Aufgaben auf: An manchen Tagen fühlte ich mich wie ein Verwaltungsbeamter.

Die Zeit für außerunterrichtliche Aufgaben, wie Verwalten, Konferenzen, Schulentwicklung und kollegiale Abstimmung, ist in meiner langjährigen Schullaufbahn stetig angewachsen. Gleichzeitig gab es jedoch mit Blick auf die Gesamtheit der zu erfüllenden Aufgaben keine Absenkung der Unterrichtsverpflichtung. Was ich letztlich allerdings auch gar nicht gewollt hätte, denn ich bin LEHRER und kein Verwaltungsbeamter. Ich hätte mir in meinen letzten Jahren vor meiner Pensionierung gewünscht, viel mehr mit und am Schüler arbeiten zu können. Mich an neuen Unterrichtskonzepten weiterzubilden und diese einzubringen, die individuelle Förderung der Schwachen, aber auch der Starken ins Zentrum meiner Aufmerksamkeit zu stellen, denn beides kommt zu kurz. Doch die dafür notwendigen Voraussetzungen waren einfach nicht vorhanden oder gingen auf Kosten meiner Gesundheit.

Die Politik lässt die Lehrer im Stich. Das ist mein ganz klares Statement zum Thema. Und wer sich heute über die wachsende Zahl der frühpensionierten Lehrer wundert oder gar aufregt, sollte ganz genau DA ansetzen: Unsere Arbeitszeit wird immer noch nach einem Modell aus dem 19. Jahrhundert organisiert, was im 21. Jahrhundert einfach nicht mehr funktionieren kann. Zwar weiß jeder, dass Lehrerarbeit nicht alleine aus Unterrichten besteht, aber selbst diese Erkenntnis wird seitens der Politik ignoriert, geschweige denn adäquat berücksichtigt, dass wir zusätzlich zu Verwaltungsbeamtentum abkommandiert werden. Wozu wir ja nicht mal ausgebildet wurden, was noch erschwerend hinzukommt.

Kurzum: Die laufenden Zusatzaufgaben wurden einerseits immer mehr und andererseits nicht mal entsprechend gewürdigt oder gar wertgeschätzt.

Wenn die Qualität des Unterrichts darunter nicht leiden soll, dann geht dies zulasten der eigenen Gesundheit, ich kann mich da nur wiederholen. Eine ganz einfache Rechnung, wenn ich das als Mathematiklehrer so sagen darf. Was wir aber brauchen sind gesunde Lehrer, mit kraftvollem Engagement!

Mir bleibt da nur noch zu sagen: Ausrufungszeichen!

Schulart

Es gibt einige Unterschiede in der Ausprägung von Lehrerbelastung zwischen verschiedenen Schultypen.

Gymnasial- und Berufsschullehrer weisen trotz ihrer vergleichsweise niedrigeren Unterrichtsstundenzahl die höchste Wochenarbeitszeit auf. Sie haben zudem viel Korrektur- und Vorbereitungsaufwand. Grundschullehrer leiden unter zu großen Klassen und fehlenden Möglichkeiten individueller Betreuung von schwierigen Schülern und Verwaltungsarbeiten.

Arbeitszeit und Arbeitsstruktur
Die unklar geregelte Arbeitszeit von Lehrern stellt eine bedeutende Belastungskomponente auf der Systemebene dar. Im Sinne des oben Beschriebenen ist es, wie schon gesagt, schwierig, die tatsächliche Arbeitszeit von Lehrern zu bestimmen. Lediglich die Unterrichtsstunden-Pflichtzahl ist festgeschrieben, der Rest ist nur unvollständig geregelt. Dies führt bei engagierten Lehrern dazu, dass sie dem Eindruck unterliegen, nie richtig fertig zu sein. Sie haben das ständig unterschwellige Gefühl, man könnte für die Unterrichtsvorbereitung, Nachbereitung, Schülerbeurteilung oder Fortbildung noch viel mehr tun und komme so den beruflichen Aufgaben und Pflichten nicht genügend nach. Dabei ist das genaue Gegenteil der Fall: Verschiedene Studien kommen zu dem Schluss, dass die Arbeitszeitbelastungen anders strukturiert sind, Wochenendarbeit zum Beispiel weit verbreitet ist und die Arbeitszeit dabei sehr deutlich über denen anderer abhängig Beschäftigter liegt (Hübner und Werle 1997).

Der Anteil an außerunterrichtlichen Tätigkeiten beträgt bei Vollzeitbeschäftigten etwa 47 %, bei Gymnasiallehrern sogar 52 %. Noch gravierender ist der Anteil an außerunterrichtlichen Tätigkeiten bei Teilzeitlehrkräften – sie arbeiten proportional weit mehr, als sich aus ihrer vertraglichen Unterrichtsverpflichtung ergibt.

Das heißt: Die objektive Arbeitszeitbelastung von Lehrern ist hoch und der vermeintliche Vorteil, die Arbeitszeit ungefähr zur Hälfte frei strukturieren zu können hat durchaus Vorteile, aber auch Nachteile.

Unterrichtsfach

Ob sich die Belastungen eines Lehrers je nach Unterrichtsfach unterscheiden, ist schon alleine wegen der unterschiedlichen Fächerkombinationen schwer herauszufinden. Während Fächer wie Musik, Kunst oder Sport auf den ersten Blick mit einer geringeren Belastung verbunden sind, da sie weniger Unterrichtsvorbereitung erfordern und u. a. auch die Klausurkorrekturen entfallen, gibt es dort jedoch den häufig aufgehobenen strengen Klassenverbund und dadurch höheren Geräuschpegel zu beachten. Genauso können Fächer mit besonders transparenten und konkreten Lernaufgaben wie Mathematik und Sprachen eher weniger belastend sein, obwohl sie zu den Hauptfächern gehören.

3.3.4 Belastungen durch die Eltern

Ich hatte einmal eine Nachbarin, die mir am ersten Kindergartentag ihres Kindes sagte: „Gott sei Dank ist es endlich so weit. Endlich kümmern sich Menschen um mein Kind, die das gelernt haben." Diese Haltung befremdete mich damals sehr und sie tut es heute noch, denn für mich als Mutter scheint niemand besser prädestiniert mein Kind zu erziehen, als ich selbst es bin. Leider übertreiben es manche Eltern mit dieser Einstellung so weit, dass sie sich alleine dadurch ins Gegenteil zu kehren scheint und man eher meint, sie seien als Eltern überfordert oder gingen doch zumindest die falschen Wege mit ihrem Kind. Oder für es. Der Begriff Helikopter-Eltern gefällt mir persönlich dafür nicht so gut. Wenngleich er eine Berechtigung zu haben scheint, so ist das „Kreisen" über meinem Kind ja per se nichts Schlechtes. Es kommt nur darauf an, wann man seine beobachtende Haltung aufgibt und demzufolge die schützende Hand ausfährt, obwohl dies entweder viel zu früh oder gar nicht notwendig ist.

Ich denke, gegen einen guten persönlichen Draht zu den Eltern seiner Schüler hat kein Lehrer der Welt etwas. Er darf nur nicht glühen, dann verbrennt das Engagement letztlich das Kind.

Am Rande die Frage: Kennen Sie den Film: „Frau Müller muss weg?" Er ist großartig und am liebsten hätte ich dieses Kapitel mit Dialogen daraus gefüllt, doch – sehen Sie ihn sich lieber ganz an. Es lohnt sich wirklich :-)

> "Einen Gin Tonic bitte."
> "Das ist ein Elternabend!"
> "Ach ja, natürlich! Dann lieber einen doppelten."

Ob wir sie nun Helikopter-Eltern nennen oder einfach nur Überbesorgte oder wie sich neuerdings immer mehr durchsetzt, statt Löwenmütter die Tigermütter – die ihre

Kinder zum Siegen drillen: Eltern sind auch nur Menschen und wollen für ihre Brut das Beste. Doch schießen sie damit manchmal über ihr Ziel hinaus.

Da gibt es die Demokraten, die alles, jede Entscheidung mit dem Kind abstimmen und nichts über seinen Kopf hinweg in Gang bringen. Und dies natürlich auch von dem Lehrer genauso erwarten. Selbst, wenn dies so weit geht, demokratisch und gemeinsam beschlossen zu haben, dass Hausaufgaben nun vorerst nicht in den Entwicklungsschub des Kindes passen. Oder die Aufgaben der letzten Klassenarbeit zu schwer waren. Oha.

Experten-Eltern sind die, die quasi alles lesen, was auch nur ansatzweise etwas mit Schule und Bildung zu tun hat, und damit nicht nur den Lehrer das Grausen lehren, sondern zudem andere Eltern infizieren. Auf der Suche nach Perfektion müsste ihnen mal jemand sagen, dass es immer nur darum gehen kann etwas hinreichend gut zu tun. Selbst wenn es sich um die Erziehung des eigenen, heiß geliebten Kindes handelt!

Schlechte Noten? Muss man dem Lehrer zurechnen, logisch. Eine weitere Gruppe Eltern sieht das glasklar so: Die Klassenarbeit hätte anders bewertet werden müssen. Tut dies auch durchaus kund und spricht entsprechend beim Lehrer vor – und dies regelmäßig.

Dann das genaue Gegenteil: die Eltern, die alles nicht so eng sehen und dies auch vom Lehrer erwarten. Wenn der darauf hinweist, dass die Leistungen abfallen, so erwartet er zu Recht ein häusliches Gespräch darüber. Doch da kann er durchaus irren, wenn Eltern die Maxime verfolgen, ihr Kind dürfe nicht durch Regeln indoktriniert werden.

Kannte man diese Elterntypen schon länger, so kommt seit einiger Zeit eine weitere Gruppe hinzu: Eltern, die tatsächlich mit einem Anwalt drohen, wenn Noten nicht zurückgenommen werden oder die Unterstellung im Raum steht, ein Kind sei wegen mangelnder Sympathien des Lehrers notenmäßig abgesackt. Natürlich sind dies in den allermeisten Fällen Lachnummern und nichts davon justiziabel, doch wirft es ein dämmriges Licht auf das Verhältnis der Eltern zum Lehrer. War er früher mal geachtete Respektsperson, scheint er heute auf dem Basar der elterlichen Eitelkeiten zum Feilschen preisgegeben. Ein Jurist hat dies sogar zum Anlass genommen, ein Buch darüber zu verfassen und es ist ein Bestseller. Wie auch immer man das bewerten soll, falls Sie es noch nicht kennen, ich möchte es Ihnen nicht vorenthalten (Sam et al. 2016).

Sich damit auseinanderzusetzen, ja zur Wehr zu setzen, im Spannungsfeld seines eigenen staatlichen Erziehungsauftrages und der biologisch-natürlichen Aufgaben der Elternschaft, verlangt manchmal sehr viel mehr als das berühmte Fingerspitzengefühl. So auch die Erfahrungen meiner Schwester, die mir dankenswerterweise bei den Recherchen zu diesem Buch eine sehr große Hilfe war und mir zu meinem wichtigen externen Blick ihren internen sehr lebhaft und intensiv schilderte. Dabei war gerade das Thema Eltern und Lehrer Teil einiger leidenschaftlicher Diskussionen zwischen uns, weshalb sie mir dazu noch einmal gezielt Ihre persönliche Sicht schilderte:

Denke ich über meine Erfahrungen mit den Eltern meiner Schüler nach, so sind diese von einer großen Kommunikations- statt Konfliktbereitschaft geprägt. Das mag daran liegen, dass ich als Lehrerin in den Eltern immer Mitstreiter sehe, auf dem Weg ihre Kinder so gut wie möglich ins Leben zu begleiten. Der Spruch von dem *Waldruf* stimmt an der Stelle womöglich. Ich habe an allen weiterführenden Schulformen unterrichtet und kann dies auch im Schnitt für alle so sagen. Die Eltern sind häufig froh einen Gesprächspartner zu haben, der ihnen zuhört und sich wirklich für ihr Kind interessiert! Dass die Zahl der Helikoptereltern größer geworden ist, lässt sich sicher nicht wegdiskutieren und ist damit Ausdruck unserer Gesellschaft, die insgesamt vielleicht ängstlicher geworden ist. Dass sie dies auch auf die Kinder projiziert, ist logisch.

Die andere Seite der Medaille, ist der wachsende mangelnde Respekt vor dem Lehrer, der ihm teils einfachste Tätigkeiten erschwert. Kein Kind hat stramm zu stehen, auch nicht in übertragenem Sinne; ich bin gerne der Lern- und Ansprech-Partner für meine Schüler. Ich habe gerne Spaß im Unterricht und kann auch durchaus mal ein Auge zudrücken, wenn über die sprichwörtliche Stränge geschlagen wird. Das dafür notwendige Fingerspitzengefühl habe ich mir in meinem unprofessionellen Pädagogikerleben als Mutter dreier Kinder erworben. Sie in ihrem Heranwachsen zu begleiten, hat mich als Lehrerin ganz sicher mehr geschult, als umgekehrt. Auch wenn es die Umgangssprache so formuliert, wir ziehen die Kinder, ob es die eigenen sind oder die uns anvertrauten, ja nicht groß. Wir ebnen ihnen auch nur bedingt Wege, sondern wir sind vielmehr ihre Wegbegleiter beim Bau ihrer eigenen Lebenswege. Dass dies in einem großen Klassenverband auch ein gewisses Maß an Disziplin erfordert, dürfte jedem klar sein. Und ist es auch. Einzig das Wie?, daran scheiden sich die Geister. Letzten Endes sind die unmittelbaren Mittel eines Lehrers im Unterricht begrenzt. Einen massiv störenden Schüler kurzzeitig zu separieren und vor die Tür „zu stellen" – die übertragene „stille Treppe" – ist genauso wenig noch erlaubt, wie ihn ins Sekretariat zu schicken.

Er steht in dieser Zeit nicht unter Aufsicht und das Risiko, dass daraus ein Unfall erwächst ist den Schulleitungen zu groß. Man mag sich auch gerne über den diesbezüglichen pädagogischen Nutzen oder von Nachsitzen, Strafarbeiten oder ähnlichem kontrovers unterhalten, aber ich sehe leider am Horizont keine Alternativen für diese Klassiker. Geht es um scharfe Interventionen, gibt es die Klassenkonferenzen, mit teils heftiger Sanktionsbewehrung, von Sozialstunden bis zum Schulverweis. Doch was ist mit dem berechtigten: Wehret den Anfängen? Wo ist sie da, die Kooperation zwischen Lehrern und Eltern? Oder auch Schülern? Selbst die Idee, Verträge zu schließen, findet da ihre Grenze, wo es zum „Vertragsbruch" kommt und einstmals einvernehmlich ausgehandelte Zwangsmaßnahmen plötzlich nicht mehr angenommen werden.

Nennen wir das Kind beim Namen: Uns Lehrern fehlen die Druckmittel, um im Falle aus den Fugen geratenen Verhaltens der Kinder einschreiten zu können.

Alles Wahrnehmen und Ernstnehmen ihrer Bedürfnisse, alles Verständnis zeigen, gemeinsam nach Auswegen aus aktuellen Konflikten suchen, permanent Ansprechpartner sein und vor allem Zuhören – also alles, was auf den ersten Blick nichts mit Autorität, sondern mit Empathie und dem Fundament der sozialen Kompetenz eines Lehrers zu tun hat, ist wichtig und wird auch gelebt. Doch die direkte Handhabe macht das nicht obsolet. Die unmittelbare Reaktionsebene im Klassenzimmer im Rahmen des Klassenverbandes und Unterrichtes – da hapert es. Denn da bekommen wir auf fast alle unsere Ideen Steine in den Weg gelegt, die nach außen pädagogisch begründet werden und nach innen einzig mit der Angst zu tun haben, sich mit den Eltern als Gegner im Ring wiederzufinden. Da bleibt es dann bei der lapidaren Ansage eines Schulleiters an Berufsanfänger, wenn ihm die Disziplin einer Klasse oder einzelner Schüler angetragen wird oder auffällt: „Setzen Sie sich durch!"

Und das ist nicht nur mager, sondern im Rahmen des oben Gesagten unsinnig. Ich habe es deshalb immer so zu halten versucht, das Band zwischen den Eltern und mir so eng wie möglich zu knüpfen. Das ist für einen Klassenlehrer sicher einfacher, doch mit dem entsprechenden Engagement funktioniert dies auch auf Fachlehrerebene.

Ich versuche mich als Dienstleister meiner Schüler und deren Eltern zu sehen und habe erstaunlicherweise genau mit denen Schwierigkeiten, die mir exakt das an den Kopf werfen: „Immerhin werden Sie dafür und von uns bezahlt!" Diese Grundeinstellung führt meist in eine Sackgasse, doch nimmt sie mir nicht meinen Elan aus meinem Selbstverständnis heraus FÜR die Schüler zu agieren und ihnen auf dem Weg in ihr Erwachsenen- und Berufsleben so gut es geht zur Seite zu stehen.

Ich habe mir beim Schreiben oft gewünscht, dass dieses Buch auch eine Elternleserschaft findet. Dass es zur Information beiträgt und Verständnis weckt und vielleicht sogar initial zündend wirkt. An der Stelle wünsche ich es mir besonders. Danke Ursula für deinen Beitrag!

Literatur

Hübner P, Werle M (1997). Arbeitszeit und Arbeitsbelastung Berliner Lehrerinnen und Lehrer. In: Buchen S. et al. (Hrsg) Jahrbuch für Lehrerforschung, Bd 1. Juventa, Weinheim
Sam D, Rode F, Tarneden R (2016) Was Lehrer nicht dürfen. Ullstein, Berlin

4

Werden Sie Ihr Lebensmanager

Was sich wie eine Überschrift für einen Groschen-Roman, der mal ein seriöser Ratgeber werden wollte, anhört, hat mich in Wahrheit einiges an Nerven gekostet. Denn ich wollte partout NICHT schreiben: „Werden Sie ihr Stressmanager". Was logisch gewesen wäre, werde ich Ihnen doch gleich etwas über Stressmanagement erzählen. So etwas wie: Stressmanagement bedeutet sowohl Stressprävention bei akutem und chronischem Stress, als auch Stressintervention zum Abbau von Stressreaktionen und -folgen.

Aber Obacht, denn gleich darauf folgt: Stressmanagement fängt beim Selbstmanagement an. Selbstmanagement führt bei Vertrauen zu sich selbst zur Auseinandersetzung mit der eigenen Persönlichkeit und dadurch zu mehr Zufriedenheit, trotz oder gerade wegen verstärkter Leistung, und somit zu weniger Stress.

© Springer Fachmedien Wiesbaden GmbH 2017
S.S. Klief, *Der Anti-Stress-Trainer für Lehrer*,
DOI 10.1007/978-3-658-15955-9_4

Selbstmanagement ist also das Zauberwort! Und Selbstvertrauen. Und über all dem steht mein persönliches Lieb-
lingswort: Zufriedenheit. Zusammengenommen ergibt das
die Basis und das i-Tüpfelchen für und auf meine nun folgenden Anti-Stress-Tipps, in einem. Die ich so viel lieber
positiv konnotieren würde, aber mal ehrlich: „Pro-Flow-
Training" klingt wohl eher nach Dopingrazzia, denn nach
solider Literatur für Lehrer. Und die will ich nicht nur bieten, die liegt mir wirklich am Herzen. Auch, weil mir das
Thema Bildung so sehr am Herzen liegt!

Kinder sowieso! Aber zudem eine Gesellschaft, die ihre
Kinder mit der Wertschätzung behandelt, die sie verdienen, ohne, dass sie dafür bereits etwas hätten leisten müssen, sondern „einfach nur", weil sie Kinder sind. Zudem
die Zukunft unser aller Leben in einer Umwelt, die wir
uns als Gesellschaft selbst schaffen. Gerade auch mit unserem System Schule. Das alles liegt mir schon fast mehr auf
der Seele, als am Herzen. Denn sehe ich, wie mit Ihnen
umgegangen wird, weiß ich, wo und wie dringend ange-
setzt werden müsste. Dass dies so halbherzig geschieht,
bedeutet wiederum, nicht nur Sie haben Stress, sondern
unsere Kinder ebenfalls und werden so zusätzlich viel zu
häufig unschuldig zu Stressfaktoren – und das macht mich
gleichermaßen traurig wie wütend.

Wenn ich also dieses Kapitel mit „Lebensmanagement"
überschreibe, dann liegt das keineswegs daran, dass ich
Ihnen das nicht aus sich selbst heraus zutraute. Sondern
es bedeutet übersetzt: Passen Sie auf sich auf – Sie haben
nur dieses eine Leben! Und dieses zu reflektieren und

daraus neue Energien für Ihren privaten wie beruflichen Motor zu ziehen, ist und bleibt das Beste, was Sie für sich im Rahmen Ihrer Stressschaltung und -bewältigung tun können. Ich kann mir gut vorstellen, dass Sie von allem was nun folgt bereits gehört, es im Studium oder auf Fortbildungen wahrgenommen und es mehr oder weniger auch schon angewendet haben. Vermutlich steht sogar etliche sehr vertiefende Literatur dazu in Ihrem Bücherregal! Hervorragend! Dann haben Sie nun aber endlich mal eine komprimierte Zusammenfassung all dessen und können sich bei Bedarf zu jedem Thema entsprechenden intensiveren Input holen -oder auch nicht. Mein Ziel ist es jedenfalls, Ihnen mit diesem Kompendium eine griffige, kompakte Handreichung zu geben, die Ihnen jederzeit unkompliziert zur Verfügung steht.

Genug der Vorrede – an die Arbeit:

Grundsätzlich können drei Hauptwege des individuellen Stressmanagements unterschieden werden. Das:

- instrumentelle Stressmanagement
- palliativ-regenerative Stressmanagement
- kognitive Stressmanagement

Das instrumentelle Stressmanagement reagiert auf konkrete, aktuelle Belastungssituationen. Stressoren werden reduziert oder versucht ganz auszuschalten. Dazu gehört auch, präventiv im Hinblick auf die Ausschaltung zukünftiger Belastungen zu agieren. Beispielsweise indem man:

- Arbeitsaufgaben delegiert und strukturiert
- den Zeitplan ändert

- „Nein" sagen lernt
- Gespräche führt, die der Klärung von Konflikten dienen
- strategisch an Arbeitsaufgaben herangeht und diese gezielt strukturiert

Beim palliativ-regenerativen Stressmanagement liegt der Fokus auf der Kontrolle und Regulierung der jeweiligen Stressreaktion nach unten. Die reaktionsorientierte Bewältigung versucht die quälenden psychischen und physiologischen Spannungszustände positiv durch Intensitätsverringerung zu beeinflussen, durch:

- Ablenkung, z. B. einem Hobby nachgehen
- Abreagieren, z. B. Sport treiben
- Entspannung, z. B. Autogenes Training machen
- Gespräche, die entlastend wirken
- das Einholen von Trost und Ermutigung
- Freundschaften und ein soziales Netzwerk

Der Einsatz von Stressmanagement-Maßnahmen kann sich also an Stress auslösenden Arbeitsbedingungen oder an Persönlichkeitsmerkmalen orientieren. Sehen Sie sich in der Lage Ihre Arbeitsbedingungen kurzfristig zu verändern? An der Klassengröße zu schrauben, die Eltern in ihrer manchmal merkwürdigen, aber nun mal verinnerlichten pädagogischen Einstellung abzuholen oder das über Jahrzehnte und noch länger verkrustete System anzugehen? Schwierig!
    Deshalb lege ich den Fokus fortfolgend auf die personenbedingten Möglichkeiten, die den dritten Pfeiler

ausmachen: das kognitive Stressmanagement. Das versucht, eine Änderung der persönlichen Stressverstärker herbeizuführen. Die aktuellen Bewertungen konkreter Belastungssituationen sind dafür genauso relevant, wie sich situationsübergreifende, habituelle Bewertungsmuster bewusst zu machen, kritisch zu reflektieren und in Stress vermindernde Bewertungen zu transformieren.

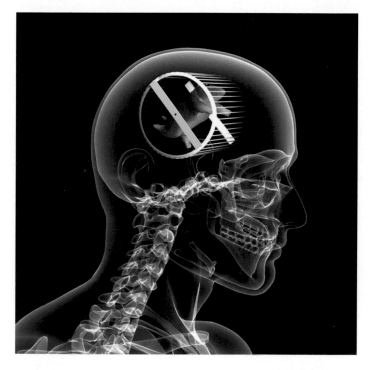

Permanent und kritisch gestresst zu sein, bedeutet sich selbst zu verlieren; sich selbst zu finden bedingt jedoch, sich selbst überhaupt erst mal zu suchen und auf diesen

Weg möchte ich Sie gerne mitnehmen. Das Ziel: Schwierigkeiten nicht als Bedrohung, sondern als Herausforderung zu sehen. Ein simpler Spruch mit riesiger Wirkentfaltung, wenn er in die Realität überführt wird.

Denn: Warum sind nicht alle Lehrer von ihren Belastungen gleichermaßen betroffen? Warum bleibt es dem einen „nicht in den Kleidern hängen" und der andere schüttelt es einfach da raus?

Stress ist eine Reaktion auf Stressoren. Die Sinne sind in Alarmbereitschaft und natürliche Verteidigungsmechanismen werden aktiviert. Diese Reaktion ist grundsätzlich angeboren und die jeweiligen individuellen Muster sind erworben. Letzteres nicht unbedingt strategisch, sondern eher über Trial and Error. Die daraus folgenden Gegenaktivierungsreaktionen des gesamten Organismus, um mit der aktuellen oder dauerhaften Belastung umzugehen, sind denn auch mehr oder weniger erfolgreich. Fundamental sind dabei die Bewertungen der jeweiligen Situation aus der inneren Einstellung, Persönlichkeit und Belastbarkeit heraus. Eine objektiv ganz klar gefährliche Situation, löst nur dann Stress aus, wenn man im Erkennen der Gefahr gleichzeitig glaubt, sie nicht bewältigen zu können. Menschen, die aus ihrer Erfahrung, ihren Fähigkeiten und ihrer Einstellung heraus glauben, Anforderungen aktiv steuern zu können, verfallen kaum in eine passive Resignation und sind deshalb weniger stressgefährdet. Und genau deshalb konzentriert sich das folgende Kapitel darauf, mit sich selbst intensiver in Kontakt zu kommen bzw. in Kontakt zu bleiben.

Beugen Sie vor, beziehungsweise bleiben Sie wachsam ohne panisch zu werden. Beobachten Sie sich und andere,

Ihre Interaktion und Kommunikation und vermeiden Sie dadurch eingefahrene Muster ohne hin und her zu hüpfen: Bewahren Sie sich Ihre Flexibilität im Denken. Genau das, was Sie Ihren Schülern täglich über alle Lehrpläne hinweg beibringen wollen, gilt für Sie in besonderem Maße. Über den eigenen Tellerrand hinausblicken, ohne blind opportunistisch zu sein. Dabei spielen Ihre Selbstwirksamkeit, Ihre (Lehrer)Persönlichkeit und auch Ihre erfahrene soziale Unterstützung durch andere eine sehr große Rolle. Aber es gibt auch wunderbare Frage- und andere Techniken, die Sie dabei unterstützen als Selbst-Couch für sich zu sorgen.

4.1 Prävention

Prävention und Intervention gehen beim Stressmanagement dauerhaft Hand in Hand. Die hier vorgenommene Unterscheidung dient nur der Gliederung und nicht irgendeiner Priorität der Handhabung.

4.1.1 Du selbst sein – Selbstwirksamkeit

Um Belastungen bewältigen zu können, ist es für Lehrer bedeutsam, über individuelle Ressourcen zu verfügen und diese auch zu nutzen. Dazu gehören unter anderem die Selbstregulation und die eigene Selbstwirksamkeitserwartung. Beides basiert auf dem Selbstbewusstsein und das steht auf zwei Säulen: Die erste Säule ist die der Selbstakzeptanz und des Selbstvertrauens und betrifft die

Einstellung, die man zu sich selbst hat. Wo liegen die Stärken und vor allem: Wie gelingt es, gerade auch die Schwächen zu akzeptieren? Wie groß ist das Vertrauen in die eigenen Leistungen? Je mehr ich mich selbst akzeptiere, desto größer ist das Vertrauen in die eigenen Fähigkeiten. Die zweite Säule verankert den Selbstwert einer Person in sozialen und zwischenmenschlichen Beziehungen. Selbstwert ist durchaus auch abhängig von dem, was andere über uns denken und wie wir damit umgehen. Soziale Kompetenz und Beziehungsfähigkeit bedingen, inwieweit es gelingt, mit anderen Menschen in Kontakt zu treten. Dabei Nähe und Distanz regulieren zu können, ermöglicht wiederum, sich im sozialen Gefüge geborgen zu fühlen. Daraus entsteht eine soziale Kompetenz, die Kompromisse zwischen den eigenen Bedürfnissen einerseits und den sozialen Anforderungen andererseits findet. Wenn es dann darum geht Schwierigkeiten zu bewältigen, werden die gestellten Anforderungen gegen die eigenen Kompetenzen abgewogen. Erst dann fällt eine Entscheidung für eine bestimmte Handlung oder Bewältigungsreaktion leicht. Diese subjektive Kompetenzüberzeugung, eine neue oder schwierige Aufgabe auch dann erfolgreich lösen zu können, wenn sich Widerstände in den Weg stellen, nennt man Selbstwirksamkeitserwartung.

Selbstwirksamkeit der Schüler
Schule ist für die Schüler ein Ort der Wissensvermittlung UND der Persönlichkeitsentwicklung. Im Verlauf der schulischen Sozialisation entwickeln sich bei Schülern Leistung und soziale Interaktion und Integration nicht unabhängig voneinander, sondern sind eng miteinander

verbunden und beeinflussen sich wechselseitig. In diesem Rahmen entwickeln sich auch die Selbstwirksamkeit und die Selbstwirksamkeitserwartungen. Also die subjektive Gewissheit, neue oder schwierige Anforderungssituationen, die nicht durch einfache Routine lösbar sind, sondern deren Schwierigkeitsgrad Anstrengung und Ausdauer erfordert, aufgrund eigener Kompetenz bewältigen zu können. Diese Kompetenzüberzeugungen wirken sich im schulischen Kontext der Schüler auf deren Leistung und die Motivation im Unterricht aus. Schüler mit hohen Kompetenzüberzeugungen werden in herausfordernden Situationen leichter bestehen, sie sogar suchen. Schüler, die sich bestimmten Situationen nicht gewachsen fühlen, werden diese meiden.

Daran, dass es beides gibt, sieht man: Selbstwirksamkeit entsteht nicht „einfach so". Grundschullehrer wissen das. Aber selbst die können dieses tragende Prinzip nicht immer individuell „an das Kind bringen". Aus schon erwähnten Gründen. An weiterführenden Schulen tritt dies jedoch leider noch häufiger in den Hintergrund. Und ist spätestens nach der Einführungsstufe vergessen, so als seien die kleinen Persönlichkeiten da schon komplett ausgereift. Doch das Gegenteil ist der Fall und den Schulalltag sollte möglichst lange, intensiv und nachhaltig folgendes Prinzip durchdringen: die Förderung des Selbstwirksamkeitserlebens der Kinder.

Mut und Selbstvertrauen wirken dafür in einem Zirkelschluss. Die Entwicklung von Selbstvertrauen braucht Zeit und den Austausch mit anderen Personen. Die Qualität der jeweiligen Beziehungen ist dabei prägend und bildet die Basis für das Selbstbewusstsein und die

Selbstwirksamkeit. Ein hoher Grad an Selbstwirksamkeit steigert die Leistungsmotivation und damit auch das Leistungsverhalten. Leistungsthematische Freude stellt sich ein, wenn der Mensch zu einem Thema eine gewisse bis hohe Affinität mitbringt. Das ist bei den vorgegebenen Schulfächern nicht immer die Regel. Also muss man sie anders hervorkitzeln. Und das gelingt auf Basis des Erlebens und der Freude an der eigenen Tüchtigkeit, die allerdings – und das ist das Wichtigste daran – vom Kind auf sich selbst bezogen werden muss. Und nicht, oder wenigstens nicht nur, als vom Lehrer ausgehend empfunden. Lob, Belohnung und positive Verstärkung – alles richtig und wichtig! Aber die beste 1 mit Sternchen kann im Nirwana der Gleichgültigkeit versinken, wenn sie durch externen Druck und daraus resultierendem hohlen Pauken erzielt und vielleicht hernach mit einem Zehner von der Oma belohnt wurde. Genau, wie ein Defizit und die darauffolgenden gebetsmühlenartigen Gespräche von der Zukunft und „du lernst doch für dich und nicht für die Schule", am Allerwertesten vorbeigehen, wenn der sich nicht erschließende Sinn und Zweck eines Faches oder eines Themas alles andere überlagert. Dabei ist gerade ein Erfolg in einem Thema, das nicht interessiert, für die Weiterentwicklung spannend – denn darauf baut sich die Erfahrung auf, dass ein gutes Resultat nicht zugeflogen, sondern eigenem Bemühen entsprungen ist. Freude darüber, oder gar Stolz darauf, bilden den Samen für weiteres Leistungsverhalten. Das Kind entwickelt im Laufe der Zeit ein immer gereifteres Bewusstsein dafür, was es selbst wirksam durchführen kann, um bestimmte Ergebnisse zu erreichen.

Stoff des „Päda"-LK, Grundkurs Pädagogik in Ihrer Ausbildung und: ich simplifiziere extrem. Ganz klar. Nichts was ich Ihnen sagen könnte, wäre für Sie neu. Aber wer weiß, vielleicht fällt dieses Buch ja wie gesagt auch zufällig Eltern in die Hand, die davon noch nie etwas gehört haben und sind Ihnen damit eine wertvolle Unterstützung bei Ihrer Arbeit mit deren Kindern. Und, es dient mir der Hinführung zu Ihrer eigenen Selbstwirksamkeit. Denn Ihr Bewusstsein über Ihre Kompetenzen, ist nicht nur eine ganz wesentliche Grundlage, Ihren Schülern Selbstwirksamkeit „beizubringen", sondern auch gegen Ihren Stress im Klassenzimmer.

Selbstwirksamkeit des Lehrers
Kann ein Mensch mit geringer Selbstwirksamkeitserwartung diese in anderen Menschen wecken? Vielleicht, aber sicher schwerer, als ein Mensch, der sich seiner eigenen Kompetenzen voll im Klaren ist. Doch ein anderer Punkt ist noch wichtiger in Bezug auf Lehrer und unser Thema, denn gerade bei dem Umgang mit Widerständen, leisten Selbstwirksamkeitserwartungen einen entscheidenden Beitrag. Sie bestimmen beispielsweise die Ausdauer bei der Umsetzung von Verhaltensinterventionen. Hindernisse und Rückschläge lassen trotzdem an den gesetzten Zielen festhalten. Treten Schwierigkeiten auf, spornen diese eher an. Aus diesem Grund werden Ziele leichter und auch häufiger erreicht und die Erfolgserlebnisse stabilisieren wiederum die eigene Selbstwirksamkeit.

So wird aus der Persönlichkeit des Lehrers – und nicht nur aus seinen Kenntnissen, seinem Fachwissen und seiner hervorragenden Didaktik – der tragende Pfeiler für die Persönlichkeitsentwicklung der Schüler: Die eigene Selbstwirksamkeitserwartung ist verantwortlich für eine deutliche Verbesserung des Lernerfolgs der Schüler. Wenn die Unterrichtsstunde so abläuft, wie man es sich vorgestellt hat, und wenn sich die Leistungen der Schüler zusehends verbessern, kann man als Lehrkraft durchaus mit seiner Arbeit zufrieden sein. Lehrer mit ausgeprägter Selbstwirksamkeitserwartung setzen effektivere Strategien und Methoden ein, geben leistungsschwachen Schülern eine breitere Perspektive und engagieren sich stärker im Schulalltag sowie auch bei außerunterrichtlichen Aktivitäten. Das alles erhöht die eigene berufliche Motivation und führt zu einem deutlich geringeren negativen Stresslevel.

4.1.2 Die natürliche Autorität – Lehrerpersönlichkeit

Fachwissen und Methodenkenntnis sind und bleiben natürlich wichtige Grundlagen bei der Berufsausbildung von Lehrern. Enthusiasmus und Engagement, Freude an der Arbeit mit Kindern und eine natürliche Autorität, gießen das Fundament komplett aus.

Ja. Das könnte es nun eigentlich schon gewesen sein. Denn mehr braucht es ja im Grunde nicht. Dazu noch einen gehörigen Schuss Kompetenzüberzeugung und alles ist gut. Doch was hat es mit dieser Selbstwirksamkeit noch auf sich? Und: Muss das Lehramt nicht auch als Berufung angesehen werden? Oder genügt zumindest eine gesunde Einstellung zum Beruf und zu sich selbst?

Braucht es eine bestimmte Lehrerpersönlichkeit, um ein guter Lehrer zu sein? Ich denke: ja.

Dem täglichen Arbeitsleben mit Leidenschaft zu begegnen macht es immer, in jedem Arbeitsumfeld, leichter. Grundsätzlich sind auch Selbstbewusstsein und Resilienz für jeden Beruf, in dem man mit Menschen zu tun hat, wichtige Grundlagen. Doch gilt dies für den Lehrberuf ganz entscheidend. Lehrer, die verständnisvoll und beziehungsfähig sind und sich empathisch auch emotional auf die Kinder einlassen, sind besonders wertvoll. Das hat dann viel weniger mit der Erziehungsanforderung an ihn zu tun, sondern macht ihn schon fast essenziell für die Entwicklung der Kinder, denn in vielen Familien findet das Beschriebene gar nicht mehr statt.

Auch ein Arzt arbeitet mit Menschen und man wünscht sich und ihm nicht nur fachliche Kompetenz, sondern auch das Einfühlungsvermögen in alles, was über den menschlichen Organismus und seine Zellen hinausgeht. Gleichwohl ist sein Berufsbild nicht auf die Prägung des vor ihm sitzenden und um Hilfe ersuchenden Menschen ausgerichtet. Er kann den weißen Kittel an- und wieder ausziehen und damit auch in seine berufliche Rolle schlüpfen und sich ihrer am Feierabend wieder entledigen. Ein Lehrer, der nicht ganzheitlich, mit Haut und Haaren Lehrer ist, wird sich unweigerlich irgendwann verbiegen müssen. Man kann weder im Unterricht, noch im restlichen Schulalltag seine Persönlichkeit ablegen. Sie wird in bestimmten Situationen zum Vorschein kommen, gerade wenn man es gar nicht will. Da ist es wesentlich besser und gesünder, seine Persönlichkeit geradlinig und authentisch zu leben. Dann gibt es weder etwas zu offenbaren, noch hinter dem Berg zu halten.

Dies dient nicht nur dem Lernerfolg, sondern auch der Stressprävention: Wie der Lehrer vor der Klasse steht – ihr vorsteht –, wie er mit den und einzelnen Schülern umgeht, ob er den Unterricht wirklich gestaltet oder nur abarbeitet, daran lässt sich seine Selbstwirksamkeit bemessen, aber auch seine Authentizität und damit Außenwirkung. Und genau da läuft alles im besten Fall in einem Zirkelschluss zusammen, denn schafft der Lehrer für sich ein harmonisches Arbeitsklima, so schafft er dies gleichzeitig für die Schüler. Ist der Lernerfolg positiv, hat er weniger Stress und erhöht dies sein Selbstbewusstsein. To be continued …

Aber wie sollte diese Lehrerpersönlichkeit denn nun konkret gestrickt sein? Selbstbewusst, selbstwirksam und ein „Herz für Kinder"? Reicht das?

Von Mutmachern und Miesmachern

In der Vorbereitung auf dieses Buch führte ich nicht nur viele Gespräche mit Lehrern, sondern auch einige Diskussionen mit meinem Sohn und dessen Freunden. Sie sind 23 Jahre alt und haben damit lange genug die Schule hinter sich gelassen, um ihre Erfahrungen distanziert zu reflektieren und noch nicht zu lange, um etwas zu verklären. Dazu haben sie teils schon die Ausbildung beendet und stellen sich dem „Ernst des Lebens" im Beruf oder stellen noch immer auf dem Prüfstand eines Studiums fest, was sie dafür an Grundlagen in zwölf Jahren Schule mitbekommen haben bzw. gebraucht hätten.

Bei der Frage, welche Persönlichkeit ein Lehrer mitbringen solle, war die Antwort einstimmig: Er muss eine

Respektsperson sein. Soweit so gut und nicht verwunderlich. Und auf die Frage, wie verschafft sich ein Lehrer am besten bei seinen Schülern Respekt, war die Antwort ebenso deutlich: Er darf dies erst gar nicht müssen. Jeder diesbezügliche „Versuch" geht auf schief an. Ein Lehrer darf in seinem Auftritt genau das nicht tun, einen „Auftritt hinlegen". Er muss stattdessen authentisch genau das verkörpern, was er ist. Und das hat keineswegs immer die Souveränität in Person zu sein. Wenn auch sicher hilfreich, so ist es ja nun mal nicht jedem in die Wiege gelegt und das wissen die Schüler auch ganz genau. Und sie sind insofern genauso grausam wie verständig. Was das heißt?

Die Runde junger Erwachsener war sich wiederum einig: Es gibt zwei Pole, nach denen sich ein Schüler ausrichtet: große Sympathie oder starke Angst.

Ich zuckte beim letzten Wort innerlich zusammen und sah meinen Verlagsvertrag schon ins Nirwana der Tagträumer und Nachtdenker entschwinden, doch hörte ich weiter tapfer zu und – verstand.

Menschen, die Sympathie oder Angst bewirken, verfügen in beiden Formen über eine extreme persönliche Ausstrahlung, die in tiefen Respekt bei den Schülern mündet. Ich nenne diese Lehrerpersönlichkeiten mittlerweile in einer Art analogem Wortspiel: Sympathikus (das muss ich nicht erklären) und Parasympathikus (wird auch als der „Ruhenerv" bezeichnet!). Sie betreten den Klassenraum und nehmen ihn ein, füllen ihn aus. Und das wirkt sich auf die Kinder aus. Es bedeutet, eine Verbindung aufzubauen, eine Beziehung. DAS Mittel der Wahl, wenn sich ein Lehrer fragt: Wie erreiche ich meine Schüler? Womit erlange ich ihre Aufmerksamkeit? Beziehungsaufbau ist der Anker, der die Schüler aufmerksam sein lässt. Und diese Aufmerksamkeit, mit der sie dem Unterricht folgen – der natürlich ansprechend gestaltet sein sollte, aber die Didaktik lasse ich hier komplett außen vor – manifestiert die Lehrer-Schüler Beziehung und generiert nahezu unanfechtbare Lehrer, die in diesem Klima perfekt unterrichten können.

Ok, ich kann nicht einfach nur kurz erwähnen, dass mir beim Wort „Angst" im Kontext pädagogischen Handelns mulmig wurde, denn ich weiß, darüber sind auch Sie gestolpert. Das war vermutlich IHR Leseanker. Denn Angst bedeutet doch: Missempfinden, Unwohlsein, Hemmung der Selbstverwirklichung, in Deckung gehen, sich in Sicherheit bringen usw.

Und die sich aufdrängende Frage: Wie kann in einem Klima der Angst Beziehung wachsen und gedeihen?, ist berechtigt und wichtig, weil weiterführend und klärend. Sie würden lieber lesen, ich schriebe einzig von Respekt und Anerkennung. Natürlich sind es letzten Endes diese positiv konnotierten Gefühle, die ein Kind gerne in die Schule gehen lassen. Dauerhafte Angst hemmt. Verursacht Stress – macht krank. So ist es in unseren Köpfen verankert.

Doch Angst kann auch etwas Positives auslösen. Angst ist von jeher Antrieb und Hemmschuh in einem. Angst zu empfinden, gehört zum menschlichen Wesen. Sie ist also grundsätzlich etwas vollkommen normales, ja sogar ein gesundes Gefühl, wenn wir Entwicklungsschritte im Leben angehen, wie alle anderen positiv oder negativ besetzten Gefühlsmuster auch: Lust, Freude, Trauer oder

Liebe. Angst gehört zum Leben, wie der Sauerstoff in die Lungen.

Allerdings: Angst sorgte bei unseren Vorfahren für die Ausbildung des Fluchtreflexes und rettete und rettet auch heute noch Leben. Etwa, wenn ein Mensch durch die Adrenalinausschüttung reflexartig und schnellstens reagieren kann. Angst versetzt uns jedoch selten in die Lage vernünftig nachzudenken und abzuwägen, sondern unser evolutionär entwickeltes Abwehrprogramm dient uns eher dazu, Gefahren zu entdecken und darauf zu reagieren. Angst kann Leben retten. Ja. Aber Angst kann das Leben auch zerstören, dann spricht man von krankhaften Angststörungen.

Davon spreche ICH natürlich nicht. Sondern von dem menschlichen Grundgefühl, das jeder kennt. Jeder Mensch kennt Angst. Jeder erlebt sie unterschiedlich. Sie tritt in Situationen auf, die in sich oder aus sich selbst heraus keine Stabilität versprechen und die deshalb als Unsicherheit oder gar Bedrohung empfunden werden. Und aus dieser wahrgenommenen Bedrohungssituation heraus, werden Schüler wachsam und aufmerksam.

Warum bleibe ich dabei und schwäche es nicht ab? Warum verknüpfe ich erfolgreiche Pädagogik mit den Worten Angst, Bedrohung und Unsicherheit? Und wieso habe ich dabei die Assoziation vom „Ruhenerv"?

Weil es nicht primär darum geht, dass dieser Lehrer, von dem ich hier imaginär spreche, den Kindern Angst „macht", sondern darum, dass er authentisch ist. Dass er in sich ruht und genau das ausstrahlt, was er ist. Insofern er daraus fair agiert, dreht sich dann im

Unterrichtsgeschehen die Unsicherheit. Der Schüler fühlt sich sicher aufgehoben - in seinem Grundgefühl der Angst ...

Es gibt nur ein Wort, das noch besser ausdrückt, was mir die jungen Männer versucht haben mitzuteilen: Ehrfurcht. Die in Ehrerbietung mündet. Das sind allerdings große Worte eines fast überkommenden Wortschatzes, vor allem in einer Schulpädagogik, die sich gerne als Freund der Kinder sieht. Doch ist Letzteres nichts anderes als Anerkennung und Wertschätzung des Menschen, seiner Persönlichkeit und: seiner Rolle als Lehrer und Autoritätsperson, die mit Fairness agiert. Das Ziel eines jeden Lehrers – und das nicht nur, um in Ruhe arbeiten zu können.

Aber man kann es nennen, wie man will, das Grundgefühl bleibt. Und das transportiert die Angst vor möglichen Konsequenzen, wenn man dem Lehrer nicht folgt. Die – und das ist das eigentlich Geniale daran – er ja noch nicht einmal andeuten, geschweige denn androhen müsste, weil die Klasse ihn erst gar nicht herausfordert. Das ist dann keine Abwärtsspirale, sondern eine konsequente Linie: Vertrauensaufbau auf dem Furcht-Fundament.

Auch ich hatte solche Lehrer, die ich gleichermaßen gefürchtet, wie bewundert habe. Bei denen ich auch nicht alles lernte oder verstand, bei denen ich aber ganz genau wusste wo ich dran war – und vor allem, wann!

Diese Persönlichkeiten unterdrückten mich nicht, sondern weckten den Mut in mir auch die unmöglichsten Fragen zu stellen und bis zuletzt nachzuhaken, denn da gab es nicht die Gefahr bloßgestellt zu werden. Niemand, der sich aus seiner Unsicherheit heraus einem Kind respektlos gegenüber verhielte. Niemand, der es erleben musste, von Schülern fertig gemacht oder bloßgestellt zu werden, weshalb auch er es nicht tun „musste".

Natürlich gibt es aufseiten der „Angstlehrer" neben der Fairness auch eine andere Seite: die der Willkür! Lehrer, die darauf aus sind Angst zu machen und die dann meistens auch insgesamt keine guten Pädagogen sind, da sie den Schülern gerade kein Gefühl der Sicherheit vermitteln. Diese Miesmacher und im schlimmsten Fall auch „Fertigmacher", überspielen ihre eigene Unsicherheit, sind weder authentisch noch souverän und haben es in einer Zeit, da es kaum noch legitimierte unmittelbare Sanktionen geben darf, hinterher doppelt schwer. Denn Schüler enttarnen sie meistens recht schnell. Wenn sie es dann sind, die die Rolle des „Fertigmachens" übernehmen, dann ist er da, der Machtkampf, in den sich kein Lehrer der Welt gerne verwickelt sieht.

Auch der Sympathikus geht über den Beziehungsaufbau und agiert aus seinem manifesten Selbstbewusstsein heraus, doch funktioniert die Wellenlänge da anders herum, da er Vertrauen im Überfluss aussendet. Gleichzeitiges Verstehen und Verständnis, und ein Einfühlungsvermögen, das so weit geht, dass die Klassengemeinschaft sogar eher vermeintlich empathielose Klassenkameraden, die das nicht spüren, darüber „aufklärt", und wenn es sein muss, massiv! Auch dieser Lehrer ist unangreifbar! Was in einen wunderbaren Kreislauf mündet und das Lernklima etwas freundlicher als im ersten Fall gestaltet, aber mindestens genauso effektiv. Beide Lehrerpersönlichkeiten kennzeichnet neben der Liebe zu ihrem Beruf vor allem eins: die Sympathie für die Kinder und das ehrliche Interesse an ihrer Entwicklung als Schüler.

Kann man das jeweils lernen? Zum Mutmacher werden? Egal ob zum Sympathikus oder Parasympathikus?

Letztlich geht es um nichts anderes als Führungskompetenz. Und die – so sollte man meinen – muss man lernen können. Jedenfalls ist die Literatur dazu mindestens genauso umfangreich, wie die zum Thema Pädagogik. Jede Führungskraft muss dies versuchen, wenn es ihr nicht in die Wiege gelegt wurde bzw. sie weder das Elternhaus noch die Lehrer hatten, sie in ihrer Selbstwirksamkeit und damit Resilienz zu schärfen …

Doch ist dies in der Wirtschaft und mit erwachsenen Mitarbeitern durchaus schwer genug, aber dennoch leichter, da es sich an Sachkompetenz orientieren kann. Zwar werden auch auf Führungsebene die Themen soziale Kompetenz, Ethik und Grundwerte und deren Verknüpfung immer wichtiger, doch wird die Fachkompetenz noch lange im Fokus der Chefs und Aufstiegsmöglichkeiten stehen. Was die Chefetagen insgesamt nicht führungsstärker macht und im Rahmen dieser Buchreihe bestimmt mit anderen Berufsgruppen noch häufig zu thematisieren sein wird, aber ein Lehrer wird von Anfang an mit zwei bis drei Dutzend Menschlein konfrontiert, die ihn mit großen Augen ansehen und – abchecken. Wer es schwerer hat, dürfte da klar sein. Denn das „Hineinwachsen" in irgendwelche Führungsqualitätenschuhe wird ihm nicht lange vergönnt sein. Und ist der Ruf an einer Schule erst mal festgezurrt, ist es schwer ihm wieder beizukommen.

Mein Sohn formulierte es so: „Unsicherheit tötet." Jemand anderen verkörpern zu wollen, als man ist, fliegt schneller auf, als ein Lehrer bis drei zählen kann. Wichtig hingegen: sich bei aller Authentizität auch mal selbst auf den Arm nehmen können, den Ernst der Lage kennen, aber auch mal die Normen dehnen ohne den Bogen zu überspannen – dann wirken auch hier die Spiegelneuronen und der Umgang miteinander auf Beziehungsebene funktioniert.

Aber das allerwichtigste ist: Selbstbewusstsein. Selbstbewusstsein, ohne aufgeblasene Selbstgefälligkeit. Selbstbejahung, die nicht hierarchisch installiert, sondern auf einem festen Fundament stehend ohne Arroganz auskommt. So ähnlich haben es jedenfalls „meine Jungs" formuliert.

4.1.3 Geben und Bekommen – Soziale Unterstützung

Menschen sind soziale Wesen, sie brauchen einander. Vor allem in Konfliktsituationen oder schwierigen Lebensbereichen ist die Unterstützung von anderen Menschen Gold wert. Mannschaftssportler gehen oft schon deshalb in ihrem Sport auf, weil das gemeinsame Erleben beflügelt und den persönlichen Erfolg erst möglich macht, den man dann wiederum gemeinsam genießen und feiern kann. Doch können gerade Misserfolge oder Missempfindungen mithilfe anderer Menschen zumeist besser verarbeitet werden. Um beim Sport zu bleiben, so bedanken sich auch Einzelsportler oft bei anderen Menschen für ihren Erfolg, etwa, wenn sie verletzt waren. Die Rückkehr ins Wettkampfgeschehen verdanken sie ihrer eigenen Disziplin, aber auch dem Engagement von Physiotherapeuten und Medizinern, die sie nicht nur durch fachliche Kompetenz, sondern auch als Freunde unterstützt haben.

Der existenzielle Umstand, dass der Mensch sozialen Kontakt braucht und sucht, kann somit auch in einen positiven Verstärker umgemünzt werden, und gehört neben den persönlichen Ressourcen des Lehrers zu den wichtigsten Elementen bei der Vorbeugung von Belastungen. Dabei ist der Haupteffekt sozialer Unterstützung das Gefühl von anderen Rückhalt zu erfahren. Etwa durch positive Zuneigung in Form von Mitleid, Trost, Ermutigung, Zuhören und Verständnis, aber auch durch rein praktische Hilfe.

So mag es eine große Hilfe sein, sich gegenseitig mit Unterrichtsmaterialien auszuhelfen oder mal freiwillig eine Vertretungsstunde zu übernehmen. Aber auch gemeinsame Aktivitäten außerhalb des Unterrichtsalltages können entspannen und helfen Vertrauen aufzubauen. Diese Form der sozialen Unterstützung und Interaktion, die soziale Integration, stabilisiert die Beziehungen untereinander. Findet man darüber dann auch noch zu einer Übereinstimmung moralischer Werte und ethischer Vorstellungen und fühlt man sich insgesamt stimmig zugehörig, vermindert sich das Belastungsrisiko merklich.

Soziale Unterstützung ist immer ein Geben und Bekommen. Ich betone ausdrücklich, dass es für Sie genauso zur Stressprävention oder -entspannung beitragen kann, wenn SIE das Gefühl haben, es kümmert sich jemand um Sie, als auch, wenn Sie es sind, der Signale aussendet, die sozial unterstützend wirken. Soziale Unterstützung stellt also insgesamt einen bedeutenden Schutzfaktor für das Belastungs- und Beanspruchungserleben bei Lehrern dar.

4.2 Kognitive Intervention

Kommen wir zum Kern – ja zum Herzstück des Buches: Ich habe seit 20 Jahren Hunde. Nein, ich rate Ihnen nun nicht es mir gleichzutun – obwohl – mein Lieblingstipp an stressgeplagte Zeitgenossen tatsächlich der ist, jeden Abend eine halbe Stunde „vor die Tür" zu gehen. Und ganz besonders freue ich mich, wenn dann die Antwort kommt, wie ich mir das vorstelle und man habe dafür nun nicht auch noch Zeit. Denn dann darf ich meiner festen Überzeugung Ausdruck verleihen und besserwisserisch von mir geben: Wer am Tag keine halbe Stunde Zeit findet sich die Füße zu vertreten, um gleichzeitig Lungen und Geist durchzupusten, der sollte eine ganze Stunde dafür veranschlagen – bis er sich die halbe Stunde nimmt.

Wo war ich? Ach ja: Der Rest des Buches beschäftigt sich damit, wie Sie zur Übereinstimmung von Fühlen und Verhalten kommen. Wie Sie Ihr Leben und Berufsleben ohne Fassade gestalten können, sich selbst beim Betreten der Schule mitnehmen und den Schülern entsprechend Ihrer inneren Welt unverfälscht und stimmig, also kongruent, gegenübertreten. Und wie ich so über den passenden Einstieg in diese Themenwelt der Echtheit, Stresskiller und Selbstbildnisse nachdenke, geschieht es wieder: Ich komme während einem meiner Hundespaziergänge und Streifzüge durch den Wald an dieser einen bestimmten Schonung vorbei. Dort wachsen seit ein paar Jahren Tannen heran, die vielleicht einmal wunderschöne Weihnachtsbäume werden wollen. Oder sie dürfen auswachsen, ich weiß es nicht. Aber jedes Jahr werden diese

Tannen aufs Neue „angegriffen". Bösartige Farnwesen nutzen sie für ihre Belange. Krallen sich fest und ziehen sich an ihrer Stärke hoch. So wirkt es jedenfalls auf mich. Doch in Wahrheit sind es keine parasitären Verhältnisse, nicht mal symbiontische – „meine" Tannen stehen einfach da, wo auch Farn wächst. Und der – sucht sich seinen Weg nach oben ans Licht ohne jegliche „böse Absicht". Je nach Alter der Tännchen, kann das bis zum Herbst dazu führen, dass gerade mal noch die Tannenspitze hervorlugt, alles andere ist überwuchert. Es nimmt mir jedes Jahr fast selbst den Atem, das mit ansehen zu müssen, denn es scheint, als erstickte dieses Grünzeugs die armen Bäumchen, die keine Handhabe haben sich zur Wehr zu setzen. Doch mit fortschreitend abfallenden Temperaturgraden des herannahenden Winters, legen sich die Farne um und sterben schließlich ab. Weg sind sie. Die Tannen aber, stehen nach wie vor wie eine Eins – quasi wie eine Eiche. Sie haben Haltung bewahrt und dienten gleichzeitig für etliche Monate einer anderen Lebensart als Haltgeber ohne Schaden zu nehmen. Bis das Spiel im nächsten Frühjahr erneut beginnt.

Für mich ist das ein Bild für das, was der Stress mit uns machen könnte, wenn wir ihn machen und uns von ihm einschüchtern, ja zuwuchern ließen. Ihm also Macht geben. Dass er sich immer wieder versucht an uns festzuklammern, werden wir wohl kaum verhindern können. Dazu ist das westliche Leben zu leistungsorientiert und wir selbst mit ihm. Die daraus resultierenden Konsequenzen können wir nicht einfach so wegatmen.

Wenn wir ihm aber seine Grenzen zeigen, indem wir unsere eigenen Wurzeln so tief und fest in den Boden wachsen lassen, dass unser Stamm gedeihen und stark und fest werden kann, dann muss er vergehen. Was nicht heißt, dass er nicht immer wiederkommen kann und wird! Nur die Wenigsten können sich ihr Leben komplett stressfrei „einrichten", aber das muss es auch gar nicht sein: Hauptsache ist, dass er keine pathologischen Folgen hinterlässt. Weshalb ich versuche Sie an Ihre tieferen

Schichten zu führen. Den Fokus auf Ihr Lebensmanagement zu legen, statt den Stress zu managen. Und dabei helfen die nachfolgenden kognitiven Strategien.

Ein simples Beispiel zu Beginn: Stress entsteht häufig durch Konflikte, aber warum eigentlich? Warum nehmen wir einen Konflikt nicht einfach an als zum Leben dazugehörig, sondern wollen ihn stetig umgehen oder ausmerzen? Die meisten Menschen machen in ihrem Leben von Anfang an die Erfahrung, dass Konflikte kaum zugelassen oder häufig verdrängt wurden. Die Harmonie ist unter allen Umständen zu erhalten. Wenn man Harmonie damit definiert, dass alle das gleiche fühlen und denken und sich unumwunden wohl fühlen, so sieht man schon alleine daran, dass dies ein kaum permanent herzustellender Zustand ist. Und doch wird er dauernd angestrebt, statt sich mit dem Zustand zu beschäftigen, dass es zwischen unterschiedlichen Menschen immer wieder zu Meinungsverschiedenheiten und damit zu vollkommen normalen Konflikten kommen kann, ja sogar kommen muss. Das bedeutet natürlich nicht, sich ihnen blind zu unterwerfen. Aber sie zu akzeptieren und sozialverträglicher zu gestalten, statt sich immer durchzusetzen und zu gewinnen zu versuchen oder sich ansonsten unterlegen zu fühlen, könnte also bereits ein wichtiger Schritt in die richtige Richtung sein.

Stress kann außerdem durchaus auch durch zu einseitige und starre EIGENE Einstellungen und Verhaltensweisen verursacht werden. Manchmal ist es nicht nur ein isoliertes Problem, das Ihnen im Magen liegt oder Kopfzerbrechen bereitet. Es ist ein ganzer Themenkomplex, der Sie derart innerlich auffrisst, dass Sie in einen Demotivationskreislauf kommen, der zum Sinnverlust bis hin zur inneren Kündigung führen kann. Doch Sie müssen weder zum Opfer Ihrer Emotionen werden, noch sollten Sie sie blind, auf destruktive Art oder gegen sich selbst gerichtet ausagieren. Denn ein Problem oder eine schwierige Emotion kann gesehen, erkannt, verstanden und umgewandelt werden. Schmerzliche Gefühle wollen Ihnen im Allgemeinen etwas sagen, enthalten eine Bedeutung, die wichtig ist und verkörpern häufig ein nicht befriedigtes Bedürfnis. Wenn Sie allerdings versuchen, diese Ihnen unerwünschten Gefühle beiseite zu schieben oder sie loszuwerden, dann verstärkt sich nur ihr Griff auf Sie. Schöpferisch mit ihnen arbeiten, ihre Botschaft erkennen, ihre Ursache verstehen, bedeutet dagegen, sich tatsächlich davon zu befreien.

Kognitives Training unterstützt dabei, Stressquellen nicht als Bedrohung, sondern als Herausforderung zu bewerten. Dieser andere Fokus hilft, negative Gedanken gar nicht erst aufkommen zu lassen oder diese abzubauen. Etwa durch das systematische Problemlösen, was Sie gleich kennenlernen werden. Zu kognitiven Interventionen gehört immer, die innere Einstellung zu reflektieren und sich selbst zu instruieren. Diese individuellen Bewertungsvorgänge sind bei der Entstehung, Aufrechterhaltung und Behebung des Stresserlebens ganz wichtig, denn je nachdem wie die potenziellen Anforderungen als Belastungen wahrgenommen und die eigenen Bewältigungsressourcen dazu ins Verhältnis gesetzt werden, kommt es zum Stressempfinden oder nicht.

Gemeinsamer Ausgangspunkt der kognitiven Verfahren ist die Annahme, dass Kognitionen dafür zuständig sind, emotionale Erregung und unangepasstes Verhalten auszulösen. Ganz besonders wichtig ist es dabei irrationale

Kognitionen zu erkennen. Habe ich dysfunktionale Gedanken und nehme ich entsprechende Situationsbewertungen vor, die zur Entstehung und Steigerung meines Stresserlebens beitragen? Dabei handelt es sich beispielsweise um bestimmte Denkstile wie katastrophisierendes oder dichotomes (schwarz-weiß) Denken: Für die Zukunft werden nur negative Ereignisse prophezeit und andere Möglichkeiten werden ausgeschlossen. Erfahrungen werden in gegensätzliche Extreme eingeteilt und eine Abstufung existiert nicht. Oder es handelt sich um Personalisierung und negative Überzeugungen über sich selbst: Ereignisse werden ohne ersichtlichen Grund auf die eigene Person bezogen.

Um diesem Kreislauf zu entrinnen, muss man diese dysfunktionalen Kognitionen aufdecken: Indem man sich selbst beobachtet und seine automatischen Gedanken, die zu einer Stimmungsänderung oder gar einem Stimmungseinbruch führen, erkennt.

Im nächsten Schritt werden dann die Gedanken ins Bewusstsein gerufen, infrage gestellt und einer Realitätsprüfung unterzogen. Dabei geht es tatsächlich um die Überprüfung des Wahrheitsgehaltes und die Offenlegung von immer wiederkehrenden Falschaussagen in den automatischen Gedanken. Die Reflexion geht über in eine logische, möglichst emotionsfreie Analyse. Es folgt die Umstrukturierung dysfunktionaler Kognitionen, durch die Erarbeitung alternativer und funktionaler Kognitionen. Diese Selbstinstruktionen sollen ermöglichen, Situationen positiv zu beeinflussen und sie dadurch auch positiver wahrzunehmen. Durch diese differenzierte, explizite und intensive Beschäftigung mit den eigenen Katastrophengedanken, werden sie entschärft oder doch zumindest eingegrenzt.

Im Sinne eines „Selbst-Coachings" ist es deshalb sinnvoll sich von Zeit zu Zeit in dieser Hinsicht selbst zu reflektieren (Selbstexploration). Um aus der inneren Balance heraus entscheiden zu können, wann, was, wie zu tun ist! Wie diese Balance darüber hinaus hergestellt werden kann, möchte ich mit den folgenden weiterführenden Ansätzen aufzeigen.

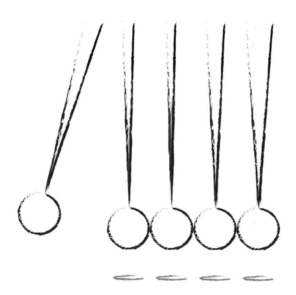

4.2.1 Selbstexploration

Folgende Fragen mögen Ihnen dabei als Einstieg in die Vertiefung des Themas behilflich sein. Sie schriftlich zu beantworten, ist sinnvoll. Auch die nachfolgenden Anregungen brauchen Papier und Stift, da können Sie diese Utensilien auch ruhig jetzt schon bereitlegen und nutzen:

1. Persönliche und private Situation

- Wie sehe ich mich selbst? (Stärken/Schwächen/Charaktereigenschaften)
- Welches sind meine größten Erfolge und Misserfolge?
- Wo und wann empfinde ich Harmonie?
- Wann fühle ich mich unterlegen?
- Welche Gefahren, Schwierigkeiten und Probleme sehe ich spontan vor mir, wenn ich jetzt die Augen schließe?
- Wo bin ich in Gewohnheiten festgefahren?
- Welche Menschen sind für mich förderlich, welche hinderlich?
- Wie kann ich negative Einflüsse mildern, positive ausbauen?
- Wie sehe ich Partner, Vorgesetzte, Kollegen?
- Wie sehen mich die anderen?

2. Berufliche Situation

- Weiß ich um meine Ziele?
- Was wird von mir erwartet?
- Kenne und erfülle ich die „Spielregeln"?
- Wie ist das Verhältnis zu meinen Kollegen und Vorgesetzten?
- Kann ich klar unterscheiden, wann ich Eustress und wann Dystress empfinde? Wann und mit wem?
- Bin ich mit meiner Aufgabe, meiner Kompetenz, meinem Entscheidungsspielraum zufrieden?
- Sind die anderen mit meiner Leistung durchgängig zufrieden?
- Was will ich bzw. was kann ich ändern?

3. Zielanalyse

- Welche Ziele will ich erreichen?
- Wie sind diese charakterisiert?
- Sind meine Ziele miteinander vereinbar?
- Wo liegen meine Zielkonflikte?

Soviel zu dem allgemeineren Teil. Jetzt möchte ich etwas konkreter werden, mit der einfachen Frage:

4.2.2 Wer bin ich und was will ich?

Alle Turbulenzen um Sie herum, der ewige Zeitdruck, Ihre beruflichen Sachzwänge und zahlreichen anderen Verpflichtungen, hindern Sie vermutlich immer wieder daran, in den inneren Dialog zu treten bzw. Ihren inneren Dimensionen die entsprechende Aufmerksamkeit zu schenken, die sie nicht nur verdienen, sondern die SIE verdienen. Und diese lassen sich auf die – natürlich alles andere als einfachen – Fragen verdichten: Wer bin ich und was will ich? Auf diese existenziellen Fragen sollten Sie kreative Antworten bereit haben – ja. Sie – und nicht andere! Dahinter steckt die Lebens- und Kommunikationsauffassung, dass jeder Mensch ein Potenzial besitzt, das er kennen und auch leben sollte. Darf? Nein, sollte!

Aber wie können Sie sich selbst näher und in Ihrem persönlichen Entwicklungsprozess vorankommen? Dazu dient die folgende Anregung:

Schreiben Sie bitte spontan neun Antworten zu der Frage: Wer bin ich und was will ich? auf. Anschließend priorisieren Sie diese und gehen in dieser Reihenfolge jede Antwort unter dem Blickwinkel folgender weiterer Fragen durch:

- Wie oder was wäre ich, wenn das Geschriebene in meinem Leben nicht vorkäme?
- Wenn ich an meine Familie denke, wie ist dort mit dieser Eigenart umgegangen worden, wo habe ich sie evtl. her?
- War es etwas Gutes, so zu sein? Oder wurde ich abgelehnt? Fallen mir „Sprüche" dazu ein?
- Welche Fähigkeiten sind Fassade, welche gehören tatsächlich zu meinem Kern?
- Was bekomme ich, wenn ich so bin, was bekomme ich nicht?

Haben Sie das abgeschlossen, habe ich noch drei Abschluss- oder Anschlussfragen für Sie:

- Wie abhängig bin ich von der Meinung anderer, was meine Fähigkeiten betrifft?
- Was mag ich an mir überhaupt nicht?
- Was mag ich? Warum?

Wenn Sie mögen, dann wählen Sie anschließend drei Zettel aus, über die Sie sich mit einem Vertrauten personenzentriert austauschen. Ihre Empfindungen und Rückschlüsse können Sie wieder notieren und bei Bedarf nach einiger Zeit abgleichen.

4.2.3 Das Problemlösen

Beim sogenannten Problemlösen handelt es sich um eine Metastrategie, die ein flexibles Handeln in Stresssituationen ermöglicht. Dabei werden Handlungssequenzen definiert, die als Problemlöseansätze fungieren und die Lösung immer wiederkehrender Probleme erleichtern sollen. Man geht dabei schrittweise vor:

1. Allgemeine Orientierung
Unbedingte Voraussetzung ist zunächst, dass die Situation als Problem überhaupt erkannt wird. Davon zu unterscheiden sind nicht veränderbare Tatsachen. Dafür braucht es außerdem eine Einstellung zu dem Problem, die zwar die grundsätzliche Lösbarkeit des Problems bejaht und betont, aber sogenannte Schnellschüsse ausschließt und vermeidet.

2. Problemdefinition und Konkretisierung

Wie ist es um die Ausgangssituation bestellt? Was ist das Ziel? Und wo liegen die Hindernisse auf dem Weg dahin? Das Problem soll in diesem Schritt mittels Konkretisierung mit seinen verschiedenen Komponenten genau benannt werden, um dadurch zu einer lösungserleichternden Strukturierung zu gelangen.

3. Erarbeiten von Lösungsalternativen

Bitte entwickeln Sie hier möglichst viele alternative Lösungen auf der Basis eines Brainstormings. Vertiefend verweise ich dazu auf den nächsten Punkt „Das Clustern".

4. Entscheidung für eine Lösung

Aus den zuvor generierten Lösungsalternativen sind die kurz- und langfristigen Folgen herauszuarbeiten und zu bewerten, um so die subjektiv am besten Geeigneten herauszufinden.

5. Ausführung und Evaluation

Und nun – realisieren Sie die entsprechende Lösungsmöglichkeit, für die Sie sich entschieden haben. Und einige Zeit später bewerten Sie den damit erreichten Erfolg. War sie effektiv? Bei unbefriedigendem Ergebnis sollten Modifikationen vorgenommen oder der Lösungsprozess erneut durchlaufen werden.

6. Wissen Sie was? Ich kann Gedanken lesen:

Einige von Ihnen denken nun: Was sollen denn solch platte Allgemeinplätze? Wo liegt da der Tipp? Ich habe also ein Problem, welches mir Stress verursacht und nur dadurch, dass ich nach einer Lösung für dieses Problem suche, wird es kleiner oder gar gelöst?

Alles berechtigte Fragen. Danke dafür! Und ich möchte Ihnen als Antwort darauf nur eine einzige Gegenfrage stellen:

Wann haben Sie das letzte Mal bewusst und fokussiert diese fünf Schritte – vielleicht sogar schriftlich, aber ruhig auch nur im Geiste – von Anfang bis zum kompletten Ende, durchdacht?

4.2.4 Das Clustern

Wenn Sie feststellen, dass Sie immer wieder in Kontakt zu anderen Menschen ähnlich unbefriedigende Erfahrungen machen, dann sind SIE alleine die entscheidende Person, die etwas an Ihrer Unzufriedenheit damit und dem Stress, den das für Sie auslöst, ändern kann. Ob dies dazu führt, dass Sie Ihr Verhalten bewusst modifizieren oder sich entscheiden, in Ihren Mustern zu verbleiben, liegt natürlich bei Ihnen. Wichtig ist, Sie sich zu vergegenwärtigen. Ich möchte Sie ermutigen auf eine erweiterte und vielleicht spannende Entdeckungsreise zu sich selber zu gehen, auf der Sie erfahren können, was Sie sich selbst alles zu bieten haben. Dies dient Ihrer Selbstwirksamkeit und damit unter dem Strich auch der Reduktion von Stress.

To cluster bedeutet anhäufen. Es ähnelt dem Mindmapping, unterscheidet sich jedoch in seiner äußeren Form, denn es findet sich jedes Wort in einem Kreis wieder. Auch die Vorgehensweise ist anders, denn das Clustern berücksichtigt alle Ideen, ohne einen speziellen Gedanken zu verfolgen, ganz ohne Systematik und zunächst ohne Logik und vor allem Bewertung.

Das Clustern ist eine Anleitung, sich zu verzetteln. Was sich zunächst einmal eher unstrukturiert und chaotisch anhört, ist ein Verfahren zur Förderung und Entdeckung kreativer Fähigkeiten durch assoziatives Verknüpfen. Clustern verbindet Ideen und Vorstellungen, ist nicht-linear und hält Gleichzeitigkeiten fest. Es beginnt mit einem Kernwort, welches Wellenkreise zieht, wie ein ins Wasser geworfener Stein. Aus seinem Samen entspringt das spätere Wachstum. Clustern aktiviert das Nicht-mehr-Bewusste und fördert Noch-nicht-Bewusstes zutage.

Es basiert auf den Grundlagen der modernen Hirnforschung und der Funktionsteilung der beiden Hirnhälften. Identische Informationen werden dort auf unterschiedliche Weise verarbeitet. Auch, wenn Ihnen dies alles nicht neu sein dürfte, möchte ich es doch noch einmal grob zusammenfassen:

Die linke Gehirnhälfte kann nur einen Stimulus verarbeiten und ist für das lineare, analytische, logische und das begriffliche Denken verantwortlich. Dabei orientiert sie sich stark an gespeicherten und organisierten Informationen, löst in Einzelheiten auf, unterscheidet, klassifiziert, bezeichnet, definiert.

Die rechte Gehirnhälfte verarbeitet Ganzheiten, drückt Gefühle und Gedanken in komplexen Bildern aus, sie ist zuständig für das bildliche Denken. Sie nimmt ganzheitlich wahr, verbindet Gedanken und Sinneseindrücke, löst Vorstellungen und Gefühle aus und denkt analog und metaphorisch. In der Verschmelzung von Wort und

Bild werden neue Verknüpfungs- und Bedeutungsmuster gefunden.

Ein Beispiel: Eine Wolke ist für die linke Gehirnhälfte ein Gebilde am Himmel und gibt Auskunft über das Wetter. Für die rechte Gehirnhälfte kann sie einem Segelschiff ähneln oder in mir Erinnerungen an einen Urlaubsort mit entsprechenden Erfahrungen wecken. Das was wir wahrnehmen, wird so zu einem Gefühl.

In der Schule, also auch bei Ihnen, wurde die Linkslastigkeit vieler Schüler durch das logische, lineare und analytische Denken gefördert und verhinderte dadurch den Kontakt mit unbewussten Inhalten, Bildern und Gefühlszuständen. Eine Möglichkeit den Rechtsausgleich zu trainieren, ist das freie Assoziieren durch den Entwurf eines Clusters:

Die schöpferische Phase
1. Sie beginnen mit einem weißen Blatt Papier. Schreiben Sie in die Mitte des Blattes das Kernwort, zu dem Sie Einfälle suchen. Kreisen Sie das Wort ein.
2. Konzentrieren Sie sich auf dieses bestimmte Wort. Nehmen Sie eine entspannte, meditative Haltung ein, schließen Sie die Augen, und lassen Sie Ihrem Gedankenstrom freien Lauf.
3. Schreiben Sie dann alles auf, was Ihnen in den Sinn kommt, egal was es ist. Alle Einfälle, inneren Bilder, Gefühle. Lassen Sie alles zu. Kreisen Sie die neuen Begriffe ein und verbinden Sie eine Abfolge von Einfällen zu Assoziationsketten. Ziehen Sie Verbindungslinien zwischen dem Ausgangsbegriff und den neuen Einfällen. Es gibt keine Beschränkungen oder Regeln.

Schreiben Sie Ihre Einfälle so nieder, wie Sie Ihnen einfallen: einzeln, in Ketten oder Gruppen. Ihren Einfällen obliegt die Regie, Sie lassen sich einfach treiben.

4. Wenn Ihnen etwas Neues einfällt, schreiben Sie es neben das Kernwort und gehen so von dort immer mehr zum Blattrand. Erzwingen Sie keine Weiterführung von Gedankenketten und prüfen Sie Ihre Einfälle nicht auf Zusammenhang und Logik. Noch mal: ALLES ist erlaubt! Clustern ist gerade die Freude am Abschweifen. So bekommen Sie Einblick in das, was unter der Oberfläche schlummert und in den Gefühlszustand, der Ihre Wahrnehmung beeinflusst. Sie beenden das Ganze, wenn Ihnen nichts mehr einfällt.

Die Überarbeitungsphase

Jetzt kommt die bewusste Phase, in der Sie das Geschaffene überarbeiten und verfeinern. Das Clustern fördert zunächst die Produktion von Ideen in Form von Bildern. Nun wird das alles auf seine Bedeutung und Brauchbarkeit hin überprüft, indem Sie strukturiert schreiben. Die Funktion der beiden Hirnhälften ist während des Schreibens komplementär, d. h. die schöpferische Tätigkeit erwächst aus der produktiven Spannung zwischen der experimentierfreudigen, produktiven Phase und dem Überprüfen und Anwenden von Regeln und Gesetzen der Logik.

Beim Betrachten der Skizze gewinnt ein Teil oder ein bestimmtes Wort besondere Bedeutung und eröffnet Ihnen ein Thema. Sie entdecken Strukturen oder Sinnzusammenhänge und bekommen eine Ahnung davon, was Ihre Notizen zu bedeuten haben. Das Noch-nicht-Bewusste wird deutlich. Aufgrund dieses Themas beginnen

Sie nun einen Fließtext zu schreiben, bei dem keine bestimmte Textsorte vorgegeben ist. Aus unklaren Vorstellungen wird Struktur. Aus Bildern werden Gedanken.

Das Ziel: Aus diesen Gedanken ergeben sich später Lösungsansätze und Entscheidungshilfen oder auch selbstkritische Aha-Momente, die Sie in Ihr Alltagsleben integrieren und damit (Beziehungs)konflikte angehen können.

Wenn das Assoziieren zum Mustererkennen wird, schaltet das Gehirn von der Arbeit der rechten zur Arbeit der linken Gehirnhälfte um. Sie werden verstehen, was Ihre freien Assoziationen für Zusammenhänge eröffnen und aus scheinbar Bedeutungslosem wird Bedeutungsvolles und Wegweisendes.

Man nennt dies auch die Methode des unbewussten Schreibens: Nichts passiert zufällig. Normalerweise wird bereits die Wortwahl nicht mehr über unser Bewusstsein gesteuert, noch weniger bewusst, verläuft die Entscheidung für metaphorische Formen. Das Geschriebene wird zum Ausdruck Ihres Unbewussten. Aus dem Wechsel von Lesen, Denken und Intuition ergibt sich dann möglicherweise eine neue Sicht, eine andere Bedeutung der beschriebenen Situation. Dieser Wechsel der Blickrichtung ist der erste Schritt zur heilsamen Distanzierung. Im Wechsel von Schreiben und Lesen, von Innenansicht und Außenansicht, von sich in der Situation befinden und die Situation betrachten, von Aufruhr und Orientierung, liegt die Chance der Verarbeitung und Veränderung von belastenden und schmerzlichen Gefühlen und Situationen.

Mit ein wenig Übung kann Ihnen das Clustern helfen, Knoten in Ihrem Kopf zu lösen. Und alleine das kann schon Stress reduzierend wirken.

4.2.5 Das Prinzip des Beschreibens

Auch das Prinzip des Beschreibens dient der Klarheit. Denn Klärung bringt Klarheit. Es möchte darauf hinwirken, dass Sie würdigen statt zu werten. Indem ich etwas objektiv beschreibe, würdige ich die reine Faktenlage, ohne sie in einen direkten Bezug dazu zu stellen, was diese Situation in mir auslöst. In der umfassenden Beschreibung von Situationen, Gefühlen und Fakten liegt bereits viel Selbsterkenntnis. Sie können herausfinden, wie es Ihnen geht und warum das so ist. Dazu ein Beispiel: „Heute geht es mir schlecht" ist eine unspezifische und sehr allgemeine Aussage. Sie gibt weder Anhaltspunkte über die Gründe, noch über Möglichkeiten der Veränderung des Zustandes, noch differenzierte Angaben, WIE es Ihnen tatsächlich geht. „Schlecht" ist eine Wertung. Eine Beschreibung wäre: „Ich habe unruhig geschlafen. Ich bin müde. Ich habe keinen Kaffee mehr im Haus. Ich fühle mich müde. Ich habe den Zug verpasst. Das Wetter ist nicht gut."

Das mag sich auf den ersten Blick anfühlen, als ob man „um den heißen Brei herumrede". Denn wir sind ja alle durchaus in der Lage, einen Schritt zu überspringen und unsere erlernten Bewertungsmuster abzurufen. Doch genau darin liegt die Krux: sich wieder auf das Ursprüngliche zu besinnen. Interessanterweise bedeutet das manchmal tiefer zu graben, als einfach nur das Wahrgenommene ad hoc und vor allem oberflächlich zu beschreiben. Ähnlich der Darstellungsweise eines Kindes.

Sinn des Beschreibens ist es, die Zwangsläufigkeit der Bewertung zu durchbrechen und zunächst, oder auch abschließend, zu einer eigenständigen Aussage zu kommen. So liegen in dem beschriebenen Tages-Status Quo wahrscheinlich viele Gründe, warum es Ihnen nicht gut geht. Sie können den Tag aber auch anders betrachten, nämlich die Fakten als gegeben hinnehmen. Das heißt nicht sie zu negieren! Aber unterliegen sie nicht sehr oft einer gewissen Zwangsläufigkeit? Einer Art Gesetzmäßigkeit? Ist es wirklich so schrecklich, ohne den geliebten Kaffee das Haus verlassen zu müssen? Und wenn mir dann auch noch ein Stück vom Zahn abbricht und ich nach einem Anruf beim Zahnarzt weiß, ich kann heute noch kommen, meine medizinische Versorgung ist also gesichert, dann ist das erst mal eine Abfolge verschiedener Ereignisse. Ja, es gibt Besseres, als den Rest des Tags beim Zahnarzt zu verbringen, aber im Beschreiben vor dem reflexartigen Bewerten liegt doch die Chance, nicht in schlechte Laune zu geraten. Mein Blick verengt sich nicht auf einen Tag voller

Missgeschicke, sondern bleibt geweitet für vielleicht auch positive Seiten, die sonst allzu leicht unter den Tisch gefallen wären. Denn die Bewertung: „Der Tag ist versaut" war ja schon manifest. Allerdings geht das erst, wenn Sie über den Tellerrand hinausblicken und sich den Rest des Tages auch wirklich anschauen, statt auch den zu negieren und im Sumpf der schlechten Gefühlslage versinken zu lassen. So verschwindet ein unangenehmes Gefühl oft schon wie von selbst – und kann sich auf dem Stresshügel nicht mit anderen zusammentun und auftürmen.

Beschreiben ist also das Gewahrwerden dessen, was ist und verhindert den Fokus einzig auf die verschwendeten Energien im Nachdenken über den miesen Tag. Und wenn Sie darüber auch noch zu praktischem Verhalten angeregt werden, umso besser, denn rechtzeitig für Kaffee zu sorgen, ist ja kein Hexenwerk …

Letztlich liegt fast alles in unserer eigenen Entscheidungsgewalt. Natürlich gibt es auch Fakten, die nicht änderbar sind, aber wir können unsere innere Haltung dazu ändern.

Konkrete Probleme bearbeiten
Vielleicht machen Sie gerade eine schwierige Zeit durch. Und dieses allgemeine Bla-Bla ist nichts für Sie. Sie brauchen konkrete Anhaltspunkte Ihre Krisen zu meistern. Auch da empfehle ich Ihnen, diese zu verschriftlichen.

1. Denken Sie sich fünf Situationen, die Ihr Leben erschweren.
2. Filtern Sie daraus die drei schwierigsten. Beschreiben Sie diese und benennen Sie diese anschließend mit einem Wort.

3. Sezieren sie EINE heraus und konzentrieren Sie sich auf folgende Fragen:
Welche Gefühle erlebe ich, wenn ich mich in diese Situation versetze? Wie benenne ich sie? Passt mein Wort von vorhin noch dazu?

4. Konzentrieren Sie sich auf dieses einzige Problem und finden Sie heraus, was Ihnen in dieser Situation konkret im Weg stand/steht. Beschreiben und benennen Sie das Problem.

5. Jetzt formulieren Sie das Problem um in eine Herausforderung und fragen sich:

6. Was kann ich zukünftig tun?

Beschreiben Sie Ihre Wunschvorstellung so konkret wie möglich. Und benennen Sie auch diesen erwünschten Istzustand im Sinne von:

Wie werde ich mich konkret verhalten, wenn ich meine Herausforderung erreicht habe?

Dies können Sie nun noch in eine Affirmation bringen und entweder gut aufheben und im jeweiligen wiederholten Bedarfsfall entweder hervorholen oder sich an exponierter Stelle aufhängen und damit schnell oder häufig ins Blickfeld bringen – damit es in Ihr Blut sickert.

4.2.6 Das Dialoge Kommunizieren

Stress mit den Vorgesetzten oder dem Kollegium – ein heikles Thema. Oft getragen durch ein Über-Unterordnungsverhältnis, welches Ihnen als Argument dafür erscheint, dass die Konflikte unüberbrückbar sind. Je nachdem, wie die Menschen um Sie herum gestrickt sind, mag dies auch zutreffen, doch vielleicht sind sie ja, genau wie Sie, an Lösungsmöglichkeiten interessiert und handelt es sich in erster Linie um kommunikative Knoten, die gelöst werden müssen. Kooperation und Dialogfähigkeit sind dabei zwei Seiten einer Medaille.

Auf Dauer ist mit Konflikten kein Staat zu machen. In der konstruktiven Zusammenarbeit liegt das Ziel. Gefragt ist insofern der prospektiv und proaktiv angelegte Dialog. Ohne gemeinsames Denken ist gemeinsame und fortschrittliche Arbeit in Ihrem Kollegium, also zum Wohle der Menschen darin und damit auch zum Wohle der Institution Schule, nicht möglich. Gemeinsames Denken gewährleistet, dass Entscheidungen gemeinsam getroffen und entsprechend nicht sabotiert, sondern akzeptiert werden. Geschieht dies zum Wohle des gesamten Lehrkörpers, wirkt sich dies auch immer wertschöpfend auf den Schulalltag aus.

Das Dialoge Kommunizieren erleichtert es, komplizierte und komplexe Themen sowie Aufgaben von verschiedenen Seiten zu be- bzw. durchleuchten. Alles von verschiedenen Perspektiven zu sehen, die persönliche wie fachliche Sicht mitteilen zu dürfen und alles gemeinsam unter die Lupe zu nehmen, verbindet. Das „Wir" steht im Mittelpunkt, nicht die einzelne Sichtweise. Und vor allem keine hierarchische Sicht. Wir alle werden oft von destruktiven Denkstrategien bestimmt, die uns nicht mal bewusst sind und das führt in kontraproduktives Handeln.

Authentischer Dialog setzt also eine Menge voraus. Wer ihn wirklich will, für den bedeutet es manchmal einen regelrechten Einstellungswandel!

Er beginnt damit, dass man diesem Dialog Raum, d. h. Ruhe, Muße und Zeit geben muss. Eine weitere wichtige Voraussetzung ist, sich selbst zu kennen – siehe die vorherigen Kapitel. Immer wieder geht es darum, mit seiner eigenen Identität vertraut zu sein, bevor man sich mit der anderer auseinandersetzt. Denn Meinungsverschiedenheiten beinhalten auch eine persönliche Ebene. Was es so wichtig macht, auch den Gegenüber einschätzen zu können. Das wiederum setzt aber voraus, dass der sich ebenfalls authentisch verhält, sich auch mal etwas traut, gar wagt. Damit er es wagen kann, muss er mir trauen können. Ein Kreislauf, wie so oft, und ein wichtiger Appell an Führungskräfte, sich wenn, dann GANZ auf das Dialoge Kommunizieren einzulassen und alle möglichen Barrieren, die aus Titel oder Status entstehen könnten, die Macht geben, wenigstens für eine gewisse Zeit, außen vor zu lassen und in Vorleistung zu treten. Das heißt nicht, dass eine maßvolle Distanz nicht aufrechterhalten bleiben kann oder sollte. Aber das gilt sowieso immer, über alle Hierarchien hinweg: Die Grenzen des anderen zu achten, ist eine wichtige Form von Respekt.

Werden wir konkret:

1. Gesprächsbereitschaft

Ohne sie ist alles nichts. Man kann das Dialoge Kommunizieren nicht „einberufen". Egal wer der Initiator ist, ob die Schulleitung oder ein Referendar: Laden Sie dazu ein! Am besten schriftlich. Schaffen Sie von Anfang an ein Klima des Vertrauens, indem Sie das Prinzip erläutern. Mein Tipp: Kopieren Sie sich die 10 Punkte hier heraus.

2. Gesprächsklima

Die Grundeinstellung zum Gesprächspartner muss einer generellen Wertematrix standhalten und von Respekt, Echtheit und Toleranz geprägt sein. Vertrauen und Akzeptanz wären wunderbar, sind jedoch manchmal am Anfang noch zu viel verlangt. Darum geht es ja außerdem in den meisten Fällen im Dialogen Kommunizieren: zu einer vertrauensvollen Basis überhaupt erst zu finden. Also geben Sie alles, aber erwarten Sie nicht zu viel!

3. Aktives Zuhören

- Zuhören, um zu verstehen
- Zuhören, ohne zu bestreiten
- Zuhören, um das fehlende Puzzlestück in der eigenen Denkweise und der der anderen zu erkennen
- Zuhören, um die eigenen inneren Reaktionsmuster zu erkennen
- Sich aktiv veränderungswillig zeigen und sich korrigieren können

4. Emotionen zulassen und bei sich bleiben

Wenn wir uns verstehen wollen, müssen wir auch unsere Emotionen kennen. Etwas zu unterdrücken bringt niemandem nichts. Auch sich uncool Luft machen, muss zunächst erlaubt sein; Selbstwahrnehmung, die sich dann beruhigt, in sich hinein horcht und genau das Empfundene artikuliert, bevor es in den Dialog geht. Welche Ansichten und Positionen habe ich, welche Ziele ergeben sich daraus? Natürlich gilt das für beide, sodass schon an der Stelle für jeden gesorgt ist, obwohl doch bislang noch keine Kritik oder gar Forderungen ausgedrückt wurden.

5. Sich verständigen
Das Gespräch als Interaktion ohne Monolog führen, sich pendelweise ausdrücken, verstehen, einfühlen und Verständnis zeigen.

6. Fragen fragen
Zu selten werden in wichtigen Meetings oder Konferenzen Fragen gestellt. Und wenn, dann sind es oft die geschlossenen Ja- oder Nein-Fragen. Man nennt sie auch getarnte Meinungen, da sich dahinter gerne Anschuldigungen oder Verurteilungen verstecken. Oder es wird überredet, getestet, herausgefordert oder gar bloßgestellt, doch ohne wirkliches Interesse an den Antworten des Gegenübers. Dialoge Kommunikation fragt anders. Ihr geht es um die Frage aus tatsächlicher Neugierde heraus. Um Berührungspunkte zu finden. Aus dem Interesse eine Antwort zu erhalten, die Verständnis weckt. Erst dann funktioniert dieser Punkt manchmal überhaupt bzw. fällt leichter.

7. Perspektive wechseln
Aus der eigenen Position in die andere wechseln, vielleicht sogar per Rollenspiel, und die vielleicht neuen Gefühle ausdrücken. Das geht weiter, als die reine Reflexion und dient dem vertieften Verstehen.

8. Grenzen wahrnehmen und beachten
Alle Meinungen sind erlaubt, aber sie unterliegen der Verantwortung des sich Äußernden. Schuld und

Rechtfertigung haben da keinen Platz. Insofern hat er auch die Konsequenzen dafür zu tragen, und so wie er sich sicher sein darf, dass seine Grenzen vom Gegenüber beachtet werden, behält er dessen im Auge.

9. Vereinbarung treffen
oder doch zumindest anstreben. Niemand hat die Wahrheit für sich gepachtet. Eine Vereinbarung ist meistens ein Konstrukt aus Einsicht, Sichtwechsel und Kompromiss. Aus den unterschiedlichen Meinungen werden Puzzleteile, die neu zusammengefügt ein Ganzes ergeben.

10. Auf geht's
Niemand muss sich oder anderen etwas beweisen, doch ohne Umsetzung taugt die beste Absichtserklärung nichts. Ohne die Realisierung bleibt alles nur heiße Luft – nun ist Handeln gefragt.

4.2.7 Compri(s) – Das gute Dutzend

Manch ein Anti-Stress-Tipp ist so logisch simpel und zielführend, wie es jeder unserer Atemzüge ist. Und doch sind Sie manchmal atemlos, gehetzt, unausgeglichen und gestresst – auch, weil Sie diese einfachen Grundrechenarten zwar kennen, aber nicht permanent auf dem Schirm haben und deshalb nicht anwenden! Deshalb habe ich Ihnen einige davon noch mal ganz kurz zusammengefasst; komprimiert und leicht verständlich erklärt, in meinem Compri(s)-Modus:

1. Planen Sie!

Sich im Planen und Vorbereiten zu verzetteln ist genauso unsinnig, wie das Warten auf den richtigen Zeitpunkt und das so modern gewordene Prokrastinieren. Einfach so drauflos zu ackern ist auch nicht empfehlenswert. Doch nach einem kurzen, knackigen Plan wird die Saat aufgehen. Weil Sie sich kleine Einheiten und vor allem realistische Zeitrahmen setzen. Unrealistische Erwartungen haben da keinen Platz. Sei es Ihre tägliche Alltagsplanung oder ein neues, größeres Projekt – kein Plan bedeutet: Stress. Schon von vorneherein. Das hat nichts mit mangelnder Spontanität zu tun, sondern mit der Intelligenz in Ihrem Plan auch noch Zeiten für Spontanes freizuhalten. Schlechte Gewohnheiten, wie überquellende Ablagekörbe oder alles auf den letzten Drücker zu erledigen, führen zu vermeidbarem Zeitdruck.

2. Verplanen Sie nur 50 % Ihres Arbeitstages!

Ja, ich weiß: Arbeit, Familie, Haushalt, Ehrenamt und Hobbys, da brauchten Sie eher 150 % Tageszeit! Die haben Sie aber nun mal nicht. Und ich spreche ja bewusst von dem Planen. Denn viele Menschen verplanen zwanghaft all ihre Ressourcen, um sich dann zu wundern, dass immer noch zusätzlich etwas dazwischenkommt. Für Ihre hundertprozentige Auslastung ist bestens gesorgt – so oder so. Also verplanen Sie nur maximal 50 %. Wichtig ist dabei eine sinnvolle Zeiteinteilung, die auch Regenerationsphasen einbezieht. Und selbst die „Frei"-Zeiten sollten Sie sich ehrlich ansehen – denn viel zu häufig sind auch die planerisch bis ins Letzte terminiert und zugepflastert. Und DA wäre es vielleicht mal sinnvoll ganz ohne

Kalender und Lebensausrichtung danach vorzugehen. Das geht nicht immer, doch geht es nie, geht irgendwann das Leben den Bach runter. Und wo das hinführt, wissen Sie selbst: in den Fluss eines Lebens, das sich nicht mitreißend anfühlt, sondern Sie irgendwann in Ihren Stressfluten ertrinken lässt.

3. Planen Sie schriftlich!

Ihr Gedächtnis erinnert sich nicht durchgehend gleich effektiv. Vertrauen Sie stattdessen Ihren flinken Fingern und Ihrer Tastatur oder dem Stift. Alles was Sie aus dem Kopf haben können, sollten Sie auch dort herauszuhalten versuchen. Die freien Kapazitäten werden es Ihnen danken.

4. Setzen Sie sich Prioritäten!

Erledigen Sie das Wichtigste zuerst! Punkt.

5. Delegieren Sie!

Das ist der für viele Menschen schwierigste Punkt. Aber machbar. Ich selbst kann nur sehr schwer um Hilfe bitten. Doch man kann es lernen, sogar das. Und sei es: Sie pirschen sich heran, indem Sie sich selbst für jede Bitte um Hilfe eine Gegenleistung vornehmen und auch geben. Selbst, wenn diese nicht gewollt oder gar erwünscht ist. Tun Sie sich den Gefallen und machen Sie es so. Denn nur dann nehmen Sie die Hilfe auch an. Sie haben so viele Potenziale in sich, aber trauen Sie auch ruhig anderen etwas zu und vor allem: Muten Sie ihnen etwas zu. Seien Sie Initiator und kooperieren Sie mit anderen dahingehend, dass auch diese als Mitstreiter ihre Chance erhalten und sich bewähren können. Sehen Sie: Ein etwas anderer Blickwinkel und schon klappt es besser und wird das Gefühl des Nutznießers ein anderes. Sie werden sich wundern, wie angemessenes Delegieren auf Dauer Motivation und Teamgeist schafft.

6. Zeit-Zocker: Adieu!

Lassen Sie sich keine Mehrarbeit aufhalsen. Der vorherige Punkt lebt nicht vom schlechten Gewissen, sondern einer guten Wahrnehmung für die Umstände und einem gesunden Selbstbewusstsein. Wenn Sie bereits an Ihrer Leistungsgrenze angekommen sind, dann hat das Ihr Umfeld genauso zu respektieren, wie Sie dies auch umgekehrt tun. Das Nein!-Sagen gehört manchmal zu dem Schwersten, was der Tag zu bieten hat, weshalb Sie geneigt sind, dieses oder jenes noch mal eben zu übernehmen, doch wenn Ihr Tank eines Tages leer ist, werden Sie es bereuen. Lassen Sie es nicht so weit kommen und üben Sie sich frühzeitig darin.

Wehren Sie sich gegen jene, die irgendwie immer Zeit zu haben scheinen – allerdings sind das gerade häufig die, die dann mit einem „kannste mal eben" um die Ecke kommen und bei denen Sie das Nein!-Sagen ganz hervorragend üben können! Das gilt auch für die, die versuchen Gespräche in Schwätzchen umzumünzen: Nehmen Sie das Gespräch in die Hand ohne unhöflich zu werden, indem Sie es leiten und bringen Sie es auf den Punkt.

7. Vertrauen Sie Ihrem Bio-Rhythmus!

Unser aller Leistungsfähigkeit unterliegt immer auch biologischen Schwankungen. Ihren Leistungszenit erreichen Sie regelmäßig zu den gleichen Tageszeiten. Das können Sie berücksichtigen. Arbeiten Sie Hand in Hand mit Ihrem Bio-Rhythmus. Erledigen Sie Routinearbeiten in Ihren Tiefs und die anspruchsvollen Tätigkeiten in den Hochzeiten.

8. Setzen Sie sich Ziele!

Seine beruflichen und privaten Ziele genau zu formulieren, ist im Grunde nicht schwer – nur: Wer macht es auch? Haben Sie sie tatsächlich schon einmal notiert? Vielleicht ja, zu Beginn des Kapitels im Rahmen der Eingangsfragen? Ich würde mich freuen. Ich komme jetzt aber noch mal detaillierter darauf zurück, weil es etwas damit zu tun hat, von der schwammigen Aussage: „Ich will in Stresssituationen ruhig und gelassen bleiben!" zu der eindeutigen Anweisung an sich selbst zu kommen: „Ich BIN ruhig und gelassen!"

Die genaue Eingrenzung und Konkretisierung von Zielen bildet die Basis dafür. Es geht darum, sich geistig damit zu identifizieren. Wunschvorstellungen sind da oft unklar oder verschwommen. Notieren Sie einmal wirklich konkret Ihre Wünsche und bemühen Sie sich, diese eindeutig und nicht negativ, sowie in der Gegenwartsform zu beschreiben.

So gelangen Sie mit einigem Training in den Autosuggestionsmodus, der Ihnen hilft bestimmte erwünschte Verhaltensweisen auszulösen.

9. Optimale Lehrbedingungen schaffen

Optimale Lehrbedingungen bedeuten auch optimale Lernbedingungen. So schlagen Sie zwei Fliegen mit einer

Klappe. Das Umfeld ist wichtig für den Lernerfolg. Vor dem Hintergrund, dass der Mensch von Geburt an ganz automatisch lernt, muss es wohl konkrete Probleme geben, warum das irgendwann mal nicht mehr so gut läuft. Die Ursachen für solche Lernblockaden können in der Methodik des Lehrers liegen oder in der Grundeinstellung des Schülers. Genauso gut können aber auch Bedingungen, die den Lehrenden und Lernenden umgeben, Schuld daran sein. Lärm, Gerüche, Enge, Hitze, Kälte, Zugluft, Farben, Licht, unbequeme Stühle sind geeignet Gefühle des Unwohlseins auszulösen. Oft kann man sie gar nicht genau benennen und doch weiß man: irgendetwas stimmt hier nicht. Diese Disharmonien können bis zu Aggressionen gehen, die natürlich vom Lerngeschehen auf beiden Seiten ablenken und Stress verursachen. Natürlich können Sie nicht jeden neuen Unterrichtsraum streichen oder neue Möbel anschaffen, und doch könnte sich ja vielleicht irgendwann eine persönliche Spur, Ihre Signatur, durch die Schule ziehen, indem Sie jedem Klassenraum, den Sie nutzen, mit einer Kleinigkeit Ihren Stempel aufdrücken bzw. die Schüler diesbezüglich mitbestimmen lassen. Alleine die Frage, ob Sie sich überhaupt wohlfühlen und was man bei Negierung anders machen könnte, zeigt Interesse und wird eine Reaktion bewirken. Ich habe es immer bedauert, dass dieser Elan offenbar – jedenfalls nach meiner Erfahrung – nur Grundschullehrern vorbehalten ist.

10. Antipathie? Nie!
Von Antipathie kann sich niemand freisprechen. Muss man auch nicht unbedingt. Doch kann es manchmal

hilfreich sein, zu einem konstruktiven Umgang damit zu finden.

Mein Tipp: Wenn Sie einen Menschen kennenlernen und dieser ist Ihnen nicht sympathisch, dann fragen Sie sich in Ihre gefühlte Abneigung hinein:

1. Was hat dieser Mensch, das ich nicht habe, aber gern hätte?
2. Was hat dieser Mensch, das ich nicht an ihm mag und auch an mir nicht mag?

Ihre Antworten werden Sie hin und wieder zu verblüffenden Erkenntnissen führen.

11. Stopp-Übung

Wir denken permanent, kaum einmal gelingt es uns die automatische Gedankenflut zu stoppen. Daran ist nichts verkehrt. Doch hemmt es vielleicht hin und wieder unsere Wahrnehmung für unseren augenblicklichen „Seelenzustand".

Mein Tipp: Rufen Sie mal öfter „Stopp!"

Diese Übung ist umso wirksamer, je öfter Sie sie in Ihren Alltag einbauen. Sie dauert jeweils nur 15 s und ist recht unauffällig. Sie sollten sie jeden Tag mehrmals machen:

Stellen Sie sich vor, man hält einen Film plötzlich an und es wird ein bewegungsloses Standbild daraus. Genau das tun Sie selbst: Sie rufen (oder sagen es sich leise): „Stopp!" Und bleiben dann genau bei der Bewegung stehen, bei der Sie gerade sind. Wenn Sie auf einem Bein stehen, bleiben Sie so, wenn Sie sich gerade an der Nase gekratzt haben, lassen Sie die Hand dort usw.

Entscheidend ist die äußere Bewegungslosigkeit für ein paar Sekunden. In dieser Zeit versuchen Sie jetzt ganz genau wahrzunehmen, was in Ihnen vorgeht, was Sie sehen, hören, fühlen, riechen. Sie tauchen mit all Ihren Sinnen in diese eingefrorene Situation ein. Vielleicht bemerken Sie, dass der rechte Fuß kitzelt oder Ihre Nase juckt oder, dass Sie sich aufgeregt, müde, erfrischt, abgehetzt … fühlen. Je öfter Sie diese Momentaufnahme von sich machen, umso einfacher und bereichernder wird sie. Sie werden sich wundern, was Sie alles wahrnehmen können und sich selbst ein ganzes Stück besser kennenlernen.

12. Hier und Jetzt!

Das Leben im Jetzt ist eine moderne Geschichte. Sie kennen das und denken vermutlich auch, dass es Sinn macht. Das heißt nicht die Vergangenheit zu vergessen, sondern sie in die Gegenwart zu integrieren und mittels der Erfahrungen entspannt in die Zukunft zu blicken. Positive Erfahrungen haben Sie gelehrt, dass Sie stark sind, negative Erfahrungen haben Sie gelehrt, dass Sie auch Rückschläge meistern können. Dass Sie nie aufgeben. Haben Sie mit dieser einfachen Strategie trotzdem manchmal Schwierigkeiten? Ein paar Fragen, die Ihnen vielleicht helfen werden:

- Was ist mir wichtig?
- Meine ich, dass es mir wichtig ist oder wird es mir von außen vermittelt?

- Halte ich es überhaupt aus, mir für etwas Zeit zu nehmen, was nur mit mir zusammenhängt?
- Wie viel intensiver ist das Erleben, wenn ich mir wirklich Zeit und Muße einräume?
- Wie verteile ich Prioritäten, welche Kriterien spielen dafür eine Rolle?
- Erlebe ich mich wirklich? Lebe ich wirklich?

Ich gebe zu, am Ende steht eine bewusst ketzerische Frage.

5

Ruhig Blut!

Trinken ist wichtig. Nicht unbedingt übermäßig viel, aber doch reichlich. Ob es nun drei oder zwei Liter am Tag sein sollten, darüber streiten sich die Geister, aber dass ausreichend Flüssigkeit gut für die Haut, die Lunge, das Herz ist, gehört zum Allgemeinwissen. Und nicht zuletzt fürs Blut!

Sie kennen alle gewiss den Spruch vom halb leeren Glas. Dazu gibt es viele Interpretationen: die häufigste ist die aus Sicht des Optimisten. Ich kenne einen jener Menschen dieser absolut lebensbejahenden Gilde, der das auch genauso lebt: Bei ihm hat man immer das Gefühl, dass er von einem halben Glas Wasser permanent nippen, trinken, ja sich besaufen kann – ohne dass es jemals leer wird. Wer so wunderbar gestrickt ist, kann, wie es scheint, niemals verdursten. Stress kennt er nicht, maximal stellenweise Überforderung, also Eustress, den er aber in der Lage ist zu kanalisieren.

© Springer Fachmedien Wiesbaden GmbH 2017
S.S. Klief, *Der Anti-Stress-Trainer für Lehrer,*
DOI 10.1007/978-3-658-15955-9_5

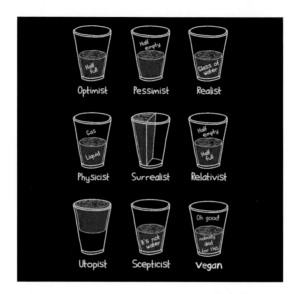

Im Laufe der Jahre sind viele andere Auslegungen hinzu-
gekommen, die teils amüsant sind, teils ihre Berechtigung
haben. Auf diesem Bild fehlt jedoch eine wichtige: die
des resilienten, selbstwirksamen Durstigen. Was der wohl
denkt? Der denkt nicht lange, der handelt – und schenkt
das Glas ganz ein.

MEIN Glas ist meistens halb leer – denn empfände ich
es als halb voll, was sollte ich ihm noch hinzufügen wollen?
Es enthielte ja bereits mehr als genug, um nicht zu verdursten. So aber bleibe ich aufmerksam für neue Quellen.
Also lassen Sie sich nicht zum schwermütigen Pessimisten
abstempeln, wenn auch Sie so ähnlich empfinden. Das
Gegenteil ist der Fall.

Außerdem: Je mehr man trinkt, umso größer wird der
Durst. Ein körperliches Gesetz, das denen hilft, die das
mit dem „genug" trinken nur schlecht hinbekommen.
Einfach mal einen Tag praktizieren, sich wirklich zwingen,

dann pusht einen das sich einstellende Durstgefühl ganz von selbst. Deshalb sehe ich meine Interpretation nicht als die eines bewegungsunfähigen Fatalisten, der dadurch unter Stress gesetzt wird, sondern als Ansporn für mein Leben und meine Gedanken, die ich mir darüber mache. Mal sind sie Kreise, mal wirken sie wie Katapulte! Aber indem ich sie immer versuche bewusst wahrzunehmen und zu integrieren, schulen sie meine Achtsamkeit für meine Belange. Statt von Sinn zu Sinn zu hetzen, sinniere ich lieber mal einen Tag lang nur über einen einzigen. Und sei es ein so unwesentlicher, wie der Sinn des Lebens … oder ein so wichtiger, wie das Schnalzen meiner zufriedenen Hunde vor dem Ofen nach einem langen nassen Herbstspaziergang, während mein Blick vom Schreibtisch beim Verfassen dieser letzten Zeilen nach draußen, noch den Nebel über der Koppel wegziehen sieht …

… und dann muss man ja auch noch Zeit haben, einfach nur dazusitzen und vor sich hinzuschauen.

Astrid Lindgren

Und wenn Sie Ihre Gedanken nun auf eine gelassene Reise schicken? Aus welchem Blickwinkel sehen SIE ein halb leeres Glas und was folgt daraus für Ihr Leben? Wie gelassen können Sie bleiben, wenn der Pegel in Ihrem Lebensglas variiert, es nicht immer voll ist, sondern Sie auch schon mal Durststrecken zu bewältigen haben?

Kann man mit Gelassenheit Stress vorbeugen oder ihn „wegtrainieren"? Nähme ich dem Thema Stress den nötigen Ernst – da ist er schon wieder – oder doch zumindest den Stachel, wenn ich das behauptete? Vom Disstress täte ich das niemals! Den Umgang mit der situativen Überforderung, dem Eustress, habe ich Ihnen versucht ein wenig zu erleichtern, indem Sie sich immer wieder bewusst auf Ihre Stärken besinnen. Und nun möchte ich Sie noch einmal ganz bewusst mit der Aussage: „Ich bin im Stress" oder noch schlimmer: „Ich bin stressgeschaltet" konfrontieren. Stimmen die eigentlich? Welches Bild zeichne ich damit von mir? Und vor allem, müsste es schon rein logisch nicht vielmehr heißen: „Der Stress ist in mir"?

Schon sieht man etwas klarer oder sogar mit anderen Augen und das manchmal so inflationär genutzte Wort Stress verschwindet vielleicht sogar irgendwann ganz aus dem Wortschatz. Denn – will man das? So einen Symbionten im Körper? Igitt, eklig… Was könnte man stattdessen sagen: Ich habe gut zu tun, ich darf arbeiten, das System erwartet zu viel von mir, die große Schulklasse bedeutet einen ständigen Geräuschpegel, das macht mir Kopfschmerzen, und von mir aus auch durchaus: der Lehrberuf ist so anstrengend, dass er mich immer wieder unter Stress setzt, meine falsche Zeitplanung führt zu Stress – auch hier das Beschreiben der Faktenlage, ohne das Rückschlagventil der direkten Bewertung! Und der Ton macht in dem Fall nicht die Musik, sondern beeinflusst die Stimmung.

Apropos eklig – noch besser gefällt mir die Metapher der Zecke. Selbst wenn Sie keine Tiere haben, kennen Sie dieses Viehzeug, von denen niemand so recht weiß, was es im doch sonst so perfekten Kreislauf der Natur und seiner gegenseitigen Nutzung zu suchen hat. Es sind einfach nur unsäglich fiese, ja eklige Geschöpfe, die niemand braucht. Und nun wissen wir ja, dass die Stressmechanismen ursprünglich etwas Positives in uns bewegen sollten, doch wird es zu viel, macht es krank. Und genau das passt zu meinem Blutsaugerbild: Der Stress rankt an uns hoch, wie der Farn oder zeckt sich an uns fest und saugt uns aus. Um ihn aus uns „herauszubekommen", müssen wir mit Bedacht rangehen, ihn einfach nur rausreißen geht nicht, denn dann bleibt ein Stück stecken und entzündet sich oder infiziert das Blut noch ungehemmter mit Krankheitserregern – dann wird es noch schlimmer. Heißt: wenn, dann richtig, und vor allem ganzheitlich in das Leben integriert. Wenn Ihnen mein Buch als „Zeckenzange" diente, würde mich das sehr freuen, weil die negativen Assoziationen dieser Milbe mittels des Hilfsmittels entschwinden. Dafür, für Ihr Antistressprogramm und den zukünftigen Umgang damit, wünsche ich Ihnen vor allem eins: Gelassenheit.

Ist Gelassenheit ein Synonym für Gemütlichkeit? Und kann das ein probates Mittel gegen Stress sein? Nein, ganz sicher nicht die Form von Gelassenheit, die ich im Kopf habe! Und doch gibt es da etwas, was generationenübergreifend in unserem Bewusstsein verankert ist und für die personifizierte, wenn auch tierische Gelassenheit steht:

♫ ♫ Probier's mal mit Gemütlichkeit! ♫ ♫

Wer kennt ihn nicht, den coolen Bären, der doch so warmherzig ist! Ganze Generationen hat er zum Lachen und zum Weinen gebracht. Wem dieser Satz nicht sofort die passende Melodie ins Ohr und die Bilder von einem durch den Dschungel swingenden Bären vors innere Auge zaubert, der kann keine erfüllte Kindheit gehabt haben. Das Lied ist ein Klassiker. Aber wissen Sie, wie der Text des Originals heißt? „Look for the bare necessities", was übersetzt so alles andere als „Gemütlichkeit" bedeutet, sondern eher „das Allernotwendigste". Stille deine Grundbedürfnisse! Denn das macht dich stark.

Also, Balu nur als Synonym für einen in sich ruhenden Lebenskünstler mit einem großen Herzen? Nun wird man es im Leben wohl kaum zu etwas bringen, wenn man sich damit alleine zufrieden gibt, den Rücken an einem Baum zu reiben und es sich auch sonst eher ertanzt, denn erarbeitet. Doch das tut er ja keineswegs. Er nimmt sich des Jungen an und kümmert sich um ihn. Er traut Mogli zu, im Dschungel zu überleben, bringt ihm sehr geduldig jede Menge bei und setzt großes Vertrauen in seine Fähigkeiten! Und am Ende agiert er sowohl erfolgreich, als auch selbstlos. Denn da geht er für seinen Freund, absolut verlässlich, in einen Kampf auf Leben und Tod, um Mogli zu retten. Als seine ganze Kraft gebraucht wird, körperlich und mental – ist er da. Seine Gelassenheit hilft ihm letztendlich auch los- und den Jungen zu den Menschen gehen zu lassen. Denn natürlich endet alles in einem Happy End, während das wahre Leben zumeist erst an genau diesen Stellen beginnt. Oder doch zumindest weitergeht. Wo nicht alles gleich in einen Kampf ausartet, es aber doch darum geht, sich durchzusetzen. Und für mich ist Balu der perfekte Lehrer :-)

Was ich Ihnen damit sagen will? Es gibt immer Widerstände, die es ins Leben zu integrieren und ihnen damit zu widerstehen gilt, statt ihnen auf den Leim zu gehen. Denn Widerstände sind dazu da, uns zu testen. Sie wurden nur deshalb erfunden.

Suchen Sie deshalb immer:

- die Balance zwischen notwendiger Nähe und Distanz zu Ihrer Arbeit als Lehrer! Weder Ihres, noch das Leben anderer hängt daran! Bleiben Sie geduldig und gelassen.
- die Akzeptanz, dass ein Scheitern jederzeit möglich sein kann! Wenn auch nicht gewünscht, so wäre es doch kein Weltuntergang.

Es ist immer noch irgendwie weitergegangen!

Nun mögen Sie verwundert den Kopf schütteln – was soll denn das? Natürlich hängt Ihr Leben nicht an Ihrer Arbeit, aber doch immerhin Ihr Auskommen, was fast genauso viel bedeutet. Wenn man schon so anfängt, also bitte – wo kommen wir denn da hin? Ja, genau: Wo kommt man mit dieser Einstellung hin, darum geht es.

Was ich Ihnen aufmachen will, ist folgende Kluft:

Möglichkeit 1 Sie leben Ihren Beruf als fanatische Berufung. Selbstkritik ist Ihnen total fremd und Kritik von außen – unvorstellbar. Das Leben ist *hacht,* also tack, tack ist Ihr Motto und Ihr totalitäres, eingleisiges Denken offenbaren Sie sowohl im Unterricht, als auch im Kollegium, wo Sie sich als ganz klar überlegen gerieren, besserwisserisch und selbstgerecht auftreten und letztlich nur Verunsicherung und Kopfschütteln hinterlassen.

Möglichkeit 2 Sie haben eine vage Vorstellung davon, wie Sie Ihren Unterricht und die Beziehung zu Ihren Schülern und Kollegen mal irgendwann angehen, gestalten und erreichen wollen. Sie sind phlegmatisch und ein „Komm ich heut nicht, komm ich halt morgen-Typ", der sich ständig vormacht: Die Zeit ist nur ein relatives Konstrukt, und ich hab' eh alles im Griff. Genauso kommunizieren Sie es Ihren Schülern, welche Ihre Spiegelneuronen nur zu gerne inhalieren – und jeder so für sich vor sich hindümpelt.

Beides alles andere als erstrebenswert! Logisch. Ebenso überpointiert und doch haben Sie vielleicht den ein oder anderen Kollegen darin erkannt. Nun kommen wir zu Ihnen als Brückenbauer. Für sich selbst und/oder Ihre Umgebung. Ganz egal. Hauptsache, die Brücke ist hinterher so stabil, dass im Zweifel alle Beteiligten hinübergehen können, auch mal stehen bleiben und pausieren oder sogar ein wenig wippen und die Brücke in leichte Schwingung versetzen – in vielfältige Richtung, vor und auch zurück. Doch – sie bleibt stabil! Sie hält, denn:

Sie sind Lehrer. Sie sind außerordentlich engagiert, ambitioniert, ehrgeizig und Ihr Wort bedeutet Verlässlichkeit. Sie sind es gewohnt, Ihre Ziele in einem gewissen Tempo zu erreichen und diesen Takt geben Sie Ihren Schülern nun auch vor. Da diese von Ihnen behutsam entwickelt wurden, haben sie keine Probleme mit Ihrem Tempo mitzuhalten. Und so sind am Ende des Weges durch Sie als Brückenbauer alle hinübergekommen: Ihre

Schüler versetzt, Ihre Kollegen durch Sie noch stärker motiviert und die Eltern in der Gewissheit, ihre Kinder gut aufgehoben zu wissen!

Daraus ergibt sich am Ende allerdings auch noch ein Appell an alle Eltern: Lassen Sie die Lehrer nicht im Stich. Ein großer Teil der auch im Buch angesprochenen Autoritätsprobleme resultieren aus dem mangelhaften gesellschaftlichen Ansehen dieses Berufes. Dies mündet in den Sog einer diffamierenden Grundhaltung, die natürlich auch den Schülern nicht verborgen bleibt. Dass sie auch auf die Schüler übergehen kann, dürfte nicht überraschen. Während ich das schreibe, höre ich heute im Radio von Erhebungen über Gewalt von Schülern an Lehrern – und bin fassungslos. In was für einer Welt leben wir eigentlich, wird sich da auch so mancher Lehrer immer wieder fragen. Insofern wäre ein gesellschaftlicher Grundkonsens zum Thema Lehrberuf der wichtigste Indikator für das, was die Lehrer in den Klassenzimmern vorfinden: Schüler, die seitens des Elternhauses auf ganz selbstverständliche Weise „mitbekommen" haben, wofür Lehrer stehen: für Bildung, ja, natürlich, aber in erster Linie für die Zukunft des jeweiligen Kindes. Für die Basis, nicht nur der beruflichen Wege, sondern vor allem der sozialen Kompetenzen, sich überhaupt den richtigen Beruf aussuchen zu können. So auch im täglichen Leben Halt zu finden und anderen zu geben. Gäbe es diese breite Akzeptanz und Wertschätzung der Elternhäuser, so griffe dies vielleicht endlich auch auf Systemebene über, denn letztlich sind Sie, wir alle, das System! Wir sollten dies aber auch wahrnehmen und im Rahmen aller demokratischen Möglichkeiten nutzen. Ganz gewiss nicht nur, um der Disziplin in den

Klassen und dem Respekt dem Lehrkörper gegenüber wieder Raum zu geben, sondern weil auf diesem Fundament Stress gemindert und dadurch so viel bessere Bildung ihre Resonanz finden wird. Und die ist ein Gewinn für uns alle: Denn unsere Kinder sind unsere Zukunft.

Zuallerletzt meine ultimativen Anti-Stress-Anhängseltipps

- Haben Sie immer einen Ersatzschlüssel hinterlegt oder gut versteckt!
- Lassen Sie alles was kaputt ist sofort reparieren!
- Rechnen Sie immer mit Regen!
- Heften Sie immer schon am Tag des Eingangs Ihre Post ab!
- Knuddeln und kitzeln Sie bei jeder sich bietenden Gelegenheit ein Baby!
- Denken Sie immer mal wieder an das fröhliche Lachen dieses Babys!
- Haben Sie einen Plan B!
- Basteln Sie ein Papierflugzeug und werfen Sie es in den Raum!
- Geben Sie es endlich auf, andere Menschen verändern zu wollen!
- Leben Sie immer einen Tag vor dem anderen!

Und nicht vergessen: Sie können die Geduld verlieren, obwohl Sie gar keine haben, dann können Sie auch mit Ihrer Überforderung umgehen, ohne sie zu umgehen, sondern indem Sie sie angehen.

Alles Gute für Ihren Umgang damit wünscht Ihnen von Herzen

Stefanie Klief

Printed in the United States
By Bookmasters